Adultez para Principiantes

Habilidades para la vida para hijos adultos, adolescentes, estudiantes de preparatoria y universitarios

Matilda Walsh

Índice de Contenidos

Introduction

Convertirse en adulto es increíblemente emocionante. Tenemos libertad para elegir cómo y dónde viviremos nuestras vidas. Puede ser un momento para explorar opciones universitarias para algunos, mientras que los primeros trabajos pueden estar en el horizonte para otros. Sea cual sea tu caso, si estás en tus últimos años de adolescencia y 20, es cuando te desarrollas, construyes tus fortalezas y trabajas en tus debilidades. ¡Porque con mayor libertad, vienen mayores responsabilidades, sin mencionar un MONTÓN de nuevas habilidades que tendrás que dominar como adulto!

Como adulto, tienes muchas más opciones. Puedes decidir qué y cuándo comer, dónde vivir y a qué hora acostarte. La escuela te enseñó mucho, pero hay muchas otras cosas que tendrás que aprender por tu cuenta. Tal vez puedas decirme cuál es la capital de Estonia, las etapas del ciclo del agua y la raíz cuadrada de 144. Pero ninguna de esas cosas te será útil cuando revientes un neumático, tengas problemas con tu primer arrendador o muestres una reacción alérgica al vivir solo.

Esto se debe a que ser adulto no es fácil. Puede ser súper desafiante. Y lo que aprendemos en la preparatoria, aunque es importante, rara vez nos da las respuestas a nuestras luchas diarias cuando comenzamos a ser un "adulto".

Debemos lidiar con impuestos, plazos, lavandería, comer sano, hacer ejercicio, dormir lo suficiente, etc. Entonces está bien sentirse perdido y abrumado a veces.

Pero la buena noticia es que estás en el lugar correcto. Vamos a cubrir todas tus preguntas sobre la adultez, como... ¿Cómo solicito un trabajo? ¿Qué debo usar en una entrevista? ¿Cómo elijo dónde vivir? ¿Cuándo sé que una fruta se ha echado a perder? ¿Dónde se han ido todos mis calcetines?!

En las próximas páginas, todas tus preguntas serán respondidas. Aprenderás no solo a sobrevivir en un mundo de adultos, sino también a ser un adulto súper exitoso. ¡Así que empecemos!

Parte 1: Habilidades para la vida y vivir lejos de casa

Uno de los mayores cambios que enfrentarás es mudarte lejos de casa. La mayoría de nosotros nos mudaremos en algún momento, ya sea para estudiar o trabajar. Pero, ¿cómo encuentras el hogar adecuado para ti? ¿Qué debes tener en cuenta? Comencemos con algunas cosas importantes a considerar.

1.   Rentar

Para rentar exitosamente tu primer hogar, debes seguir varios pasos.

Elegir tu ubicación

El primer paso al decidir dónde conseguir tu primer departamento/casa es elegir zonas de la ciudad que te gusten y descartar aquellas que sabes que no se ajustarán a tus necesidades. Aquí hay algunas cosas que debes considerar:

- ¿Está cerca de tiendas o supermercados? ¿Puedes caminar hasta estos o necesitas un auto?

- ¿Qué pasa con el transporte público y los estacionamientos? ¿Hay un lugar para estacionarse afuera? ¿Está designado o cómo funciona exactamente? ¿Tu nuevo hogar está cerca de una estación de tren o una parada de autobús?

- ¿Hay bares en la zona? Si te gusta la fiesta, esto podría ser perfecto. Pero si trabajas por turnos, es posible que no aprecies ruidos de fiesta hasta altas horas de la noche.

- ¿Estás cerca de parques, gimnasios y otros lugares de esparcimiento que consideres importantes?

- ¿Es seguro? Recuerda revisar esto también por la noche. La mejor manera de conocer un vecindario es caminando por él.

- ¿Cuánto tiempo te tomará viajar cada día a tu trabajo o universidad? Si odias el traslado, es posible que necesites encontrar un lugar a poca distancia. ¿O estás dispuesto a vivir más lejos por un alquiler más bajo, pero tener un viaje más largo?

Más de una zona de tu ciudad probablemente se ajustará a tus criterios de dónde quieres vivir, así que la siguiente consideración es la distancia desde tu trabajo/universidad.

Definir tu presupuesto

Conocer tu presupuesto es esencial antes de elegir un departamento. El costo de rentar no solo incluirá el alquiler, sino también internet, comida, transporte, calefacción y otros gastos.

En términos de un presupuesto de renta, a menudo se utiliza la regla del 30%. Según esta regla, no deberíamos gastar más del 25%/30% de nuestros ingresos en alquiler y gastos. Se incluirán la renta, los servicios (gas, electricidad, agua, internet) e impuestos. Usando esta regla, te asegurarás de tener suficiente dinero para tus gastos cotidianos, como comida y transporte.

Después de determinar cuánta renta puedes pagar, decide si vivirás solo o con un compañero de cuarto y en qué tipo de departamento vivirás. En muchas ciudades, rentar un departamento completo es increíblemente caro, por lo que rentar una habitación en un departamento compartido puede ser la única opción para muchas personas.

Compartir vs. vivir solo

Después de revisar tu presupuesto y aclarar cuánto puedes gastar en renta, puedes elegir qué tipo de hogar te gustaría habitar. Determinar cuántas habitaciones y baños debe tener el departamento dependerá principalmente de si vivirás solo o con alguien más.

Si el departamento es solo para ti, hay dos cosas a tener en cuenta: almacenamiento y espacio de trabajo. Primero, ¿el departamento tiene suficiente espacio de almacenamiento para tus cosas? Y, por otro lado, ¿trabajarás desde casa? Si ese es el caso, sería bueno que consideraras un espacio adicional para tener un área de trabajo cómoda.

También existe la posibilidad de que decidas compartir el departamento con alguien más. Si ese es el caso, recuerda priorizar espacios comunes grandes y una habitación cómoda para ti. Siempre que compartes una casa, tu habitación se convierte en tu espacio, así que intenta hacerlo un lugar en el que disfrutes pasar tiempo.

Compartir puede ser una gran experiencia o una terrible, dependiendo de cómo esté organizado. Sería frustrante despertar tarde para trabajar y descubrir que hay dos personas en fila antes que tú para ducharse. Por loco que parezca, sucede más a menudo de lo que piensas. La situación ideal sería que dos personas compartan un baño y tres compartan una ducha. Pero compartir un departamento también puede ser la mejor decisión, y una forma de hacer amigos para toda la vida.

Ver el departamento

Cuando estés viendo la casa o el departamento, hay algunas cosas a tener en cuenta.

- Primero, obtén una impresión general de la casa. ¿Está limpia e iluminada? ¿Hay moho en las paredes? ¿La cocina está desordenada? ¿Parece que a las personas que viven allí les importa? Entrar a un departamento sucio y oscuro no es un buen comienzo.
- Si vas a compartir, averigua quiénes viven allí ahora. ¿Son todos estudiantes universitarios a los que les encanta la fiesta? ¿Son profesionales que trabajan mucho? ¿Son personas que se quedan allí durante la semana pero no están mucho los fines de semana?
- ¿Cuál es la situación para recibir amigos o novios/novias en el departamento?
- ¿Cómo es el propietario? ¿Visita el lugar a menudo? ¿Es bueno arreglando cosas cuando se rompen?
- ¿Qué tipo de contrato se requiere?
- ¿Se necesita un depósito y, si es así, cuánto?

Firmando el contrato

Los contratos de renta generalmente requieren que le des al propietario una garantía sobre tu capacidad para pagar la renta en el futuro. Dependiendo de las circunstancias, es posible que debas proporcionar tus comprobantes de ingresos o un fiador. Siempre puedes llamar a una oficina de bienes raíces para averiguar las expectativas habituales sobre los contratos de renta en tu ciudad.

Encontrar el hogar adecuado para ti no es imposible, y el esfuerzo valdrá la pena. Con estos simples pasos, conseguirás una casa que no solo cumpla con tus necesidades sino que también no te estire financieramente. Una vez que estés en ella, será un capítulo completamente nuevo.

2. Mudándote

Después de haber rentado exitosamente tu departamento (o habitación en una casa compartida) y estar satisfecho con los resultados, ha llegado el momento de llenarlo. Si estás en una situación de compartir habitación, es posible que solo necesites comprar algunas cosas, principalmente para tu propia habitación. Si estás rentando una casa por ti mismo, es posible que necesites invertir en más artículos.

Como consejo general, compra de manera consciente. Si no quieres encontrarte en un año lleno de cosas que no usas, comprar de manera consciente es esencial. Estos son algunos puntos a tener en cuenta al hacer compras.

Comprando muebles

Comienza comprando solo lo esencial. Un mueble para dormir, otro para sentarse, para cenar, etc. Aquí hay algunos artículos a considerar:

La cama

La salud de las personas depende de la calidad de su sueño, como sabes. Pasamos aproximadamente un tercio de nuestras vidas durmiendo. ¿Querrías pasar tanto tiempo durmiendo en una cama incómoda? El mercado de colchones ofrece una enorme variedad de opciones. Los modelos modernos utilizan espuma especial que es increíblemente duradera y no pierde su forma fácilmente.

Para la estructura de la cama, una simple siempre es la mejor. Invertir en un marco de cama clásico de colores neutros que durará toda la vida es una excelente idea. Y cambiando el edredón o las almohadas en tu habitación, puedes transformar su apariencia. Además, también es importante pensar cuánto espacio de almacenamiento necesitas. También piensa cómo llevarás esta cama a tu habitación. ¿Puede ser movida en unas pocas piezas? ¿Cabe en las escaleras hacia tu departamento? ¡No olvides considerar la logística cuando hayas encontrado tu cama súper cómoda!

Una vez que sepas el tamaño de tu cama, también necesitarás sábanas, almohadas, fundas de almohadas y un edredón o mantas que coincidan con el tamaño de tu cama. Tener dos de cada uno es una buena idea, ya que puedes usar un juego mientras el otro está en el lavado.

Sofá

Dado que pasamos la mayor parte del tiempo en la sala, el sofá es como el corazón de la casa. Nuestros sofás son más relevantes de lo que pensamos, ya sea viendo películas o programas de televisión, reuniéndonos con amigos o relajándonos después del trabajo.

Al igual que con la cama, la recomendación es elegir colores neutros y un diseño clásico para no tener problemas al cambiar la decoración del departamento en el futuro. Un sofá con funda lavable también es una excelente idea.

Almacenamiento

La forma más rápida de ordenar tu hogar o habitación es comprar algunas unidades de almacenamiento y organizar las cosas. ¡Comprar una o dos unidades de almacenamiento útiles para tu hogar es una de las cosas más prácticas y útiles que puedes hacer!

El mejor lugar para comprar muebles

Cuando compres tus primeros muebles, te recomiendo que optes por los muebles desmontables. Lo primero que destaca de este tipo de muebles es que son los más asequibles que puedes encontrar en el mercado. Esto se debe a que su producción a gran escala los hace más baratos y fáciles de fabricar. Además, son más económicos porque compensan su menor durabilidad, pero si los cuidas, durarán mucho tiempo.

El envío, el montaje y el desmontaje son fáciles. Debido a que los clientes eligen sus muebles y los arman en sus hogares, las empresas no tienen que pagar enormes costos de envío.

Es posible personalizar los muebles desmontables, hay numerosos sitios web y trucos que se pueden utilizar para mejorar o cambiar el diseño. Al hacerlo, las personas pueden hacer que un mueble desmontable barato parezca más caro y lujoso por muy poco dinero.

Empacar y mover este tipo de muebles es fácil. Puedes transportar fácilmente tus muebles y volver a montarlos cuando te mudes de casa, desmontándolos, empaquetándolos en sus cajas planas y colocándolos en el camión de mudanzas.

Extra: Implementos de cocina

En la cocina, necesitarás los utensilios para el uso diario, cosas como platos, cubiertos y vasos. Aunque estos son importantes, la buena noticia es que no tienes que gastar demasiado en ellos. Los primeros días después de la mudanza serían difíciles sin estas cosas, por lo que deben ser una prioridad.

Ahora que tenemos tu habitación ordenada y los artículos de cocina listos, el supermercado es el siguiente lugar que debes visitar.

Tu primera compra de alimentos

Cuando llegues a casa por primera vez, tendrás que visitar la tienda de comestibles de inmediato, ya que el refrigerador y la despensa están vacíos. Aquí tienes algunos consejos para que tu primera compra de alimentos sea un éxito.

Establece un presupuesto para la compra

La clave para ahorrar en finanzas personales es saber cuánto dinero puedes o debes gastar en la cesta de la compra. Será mucho más fácil para ti controlar los gastos y el desperdicio si creas un presupuesto para alimentos, ya sea mensual, semanal o diario.

Prepara tu lista de compras antes de ir a hacer la compra.

Agregar más de lo que necesitas en tu cesta de compras puede hacer que la factura de la compra se dispare. Si no has planeado tu compra, es más fácil que esto suceda. Antes de ir de compras, revisa tu despensa y piensa en las comidas que prepararás para esa semana, así sabrás lo que necesitas. Una vez que tengas una lista de todos estos artículos, limítate a comprar solo los artículos en ella. De esta manera, evitarás dejarte llevar demasiado por antojos y comprar cosas innecesarias de manera espontánea.

Compra en el supermercado más barato

La tienda en la que hagas tu compra puede afectar tus gastos más de lo que te das cuenta. Es importante entender que al identificar los supermercados más baratos, se trata de encontrar los mejores precios (lo que te ahorra dinero), no aquel con más ofertas. Pregunta a tus amigos o compañeros de trabajo para encontrar supermercados de buen valor en tu área, o revisa en Google Maps qué hay cerca.

Intenta usar un comparador de precios de supermercados en línea

La ventaja de comprar en línea es que no tienes que ir al supermercado. Cuando no tienes que navegar por interminables pasillos de productos, es más probable que te ciñas a los productos que necesitas.

Además, también es más fácil comparar sus precios y elegir el que tiene un precio más bajo. Hay varios comparadores de supermercados en línea para ayudarte con esto.

Compra productos de temporada

Puedes ahorrar en tu compra adquiriendo productos de temporada, ya que son más económicos. Cuando las condiciones climáticas son adecuadas para su cultivo, pueden producirse fácilmente y suministrarse en mayor abundancia, lo que reduce su precio.

Revisa las fechas de caducidad

Los alimentos suelen tener una vida útil limitada. Así que revisa la fecha en todos los alimentos antes de comprarlos. No tiene sentido comprar un montón de pollo si todos caducarán mañana. Pero si sabes que vas a comer tus alimentos el mismo día, a veces puedes obtener buenas ofertas en artículos que se acercan a su fecha de vencimiento.

Dale una oportunidad a las marcas blancas

Es bien sabido que las marcas blancas son menos costosas, por lo que comprarlas en el supermercado te ahorrará dinero. Aunque los productos de marca propia suelen costar menos, algunos expertos en nutrición aconsejan no consumirlos. La mejor manera de garantizar la calidad de estos productos es revisar siempre los ingredientes.

Utiliza cupones y tarjetas de lealtad para ahorrar dinero

Obtener una tarjeta de lealtad puede ser una buena idea, ya que las compras son casi inevitables y tiendes a ir a las mismas tiendas casi todos los días. A sus miembros se les proporcionan ciertos beneficios, como los clásicos cupones que pueden utilizar para obtener artículos a un mejor precio.

Evita los productos preparados

Por lo general, pagarás más por platos precocidos y preparados que si compraras los ingredientes por separado. Artículos como salsa de tomate, queso rallado, verduras cortadas, etc., se ven afectados de manera similar. Esta es una selección común de productos en una cesta de compras, pero la verdad es que elevarán tu factura final más que si compras tomates frescos, queso o verduras y los preparas tú mismo.

Compra al por mayor

A veces, nos encontramos con paquetes grandes que contienen muchas unidades del mismo producto y pensamos que son demasiado grandes y ocupan mucho espacio. Es una lástima porque los formatos grandes suelen ser más económicos.

Esto se puede solucionar compartiéndolo con alguien, como tu vecino, familiar o amigo. También es buena idea comprar artículos en grandes cantidades que puedas almacenar y utilizar a lo largo del tiempo, como papel higiénico o productos de limpieza. Esto solo ocupará un poco de espacio.

Compara precios por kilo o por litro, no por unidad

Aprovechando el hecho de que generalmente el formato más grande suele ser el más económico, algunas cadenas ponen precios más altos en paquetes con más unidades, incluso cuando teóricamente pueden ahorrar dinero. Para evitar esto, es importante revisar el costo por unidad/litro/kilo, que se expresa en letras más pequeñas en la misma etiqueta de precio.

Cuidado con los artículos cerca de la caja

A menudo encontrarás productos atractivos, como baratijas o revistas, en la caja y artículos prácticos como focos o baterías. Dado que estos artículos no son muy caros, es fácil agregarlos a una canasta en una compra impulsiva de último momento mientras esperas pagar. Te costará algunos dólares más hacer esto.

¡Diviértete con tu primera compra! Lo más importante es recordar que cada error al vivir solo es una oportunidad para aprender y comprar mejor en el futuro. En unos días, anota lo que olvidaste comprar o de lo que no compraste suficiente y actualiza tu lista de compras semanal con esta información. Esto te ahorrará tiempo y problemas en el futuro y agilizará tus compras cada semana. También puedes ver si alguna tienda ofrece envío en línea gratuito y ahorrar algo de tiempo extra al pedir que te entreguen los alimentos cada semana.

Lista básica de compras

Una lista es una herramienta esencial que debemos tener a mano al ir al supermercado, ya que nos ayudará a planificar y controlar los gastos incurridos para abastecernos de alimentos, utensilios y productos de limpieza para el hogar y uso personal. No tener una lista de compras a menudo lleva a compras impulsivas y olvidar lo importante.

A continuación, se presenta una recopilación de productos básicos, no es necesario comprarlos todos, pero puedes crear una lista de lo que necesitas y hacerla lo más detallada y precisa posible.

Abarrotes

- HUEVOS
- PASTA (ESPAGUETI, LASAÑA, PENNE, ETC.)
- SOPAS EMPAQUETADAS (ESTRELLAS, LETRAS, ETC.)
- CEREAL EN CAJA
- HARINA DE TRIGO
- HARINA DE MAÍZ
- HARINA PARA HOTCAKES
- PAN MOLIDO
- MAYONESA

- MOSTAZA
- PURÉ DE PAPA EN CAJA
- ACEITE VEGETAL
- ACEITE DE OLIVA
- SPRAY PARA COCINAR
- VINAGRE
- CHOCOLATE EN POLVO
- BARRAS DE CHOCOLATE
- GELATINAS
- BICARBONATO DE SODIO
- MERMELADAS
- GALLETAS
- SALSA PICANTE
- SALSA INGLESA
- SALSA DE SOYA
- SALSA DE TOMATE
- ADEREZOS

Bebidas

- AGUA (NATURAL, SABORIZADA, CON GAS)
- REFRESCOS
- JUGOS
- TÉ (EN POLVO, BOLSITA O PARA PREPARAR)

Frutas y verduras

- ESPINACA

- LECHUGA
- COL
- PEREJIL
- CILANTRO
- PIMIENTO MORRÓN
- BRÓCOLI
- AJO
- CEBOLLA
- CHAMPIÑONES
- CHILE SERRANO
- CHILE ANCHO
- JITOMATE
- TOMATE
- PAPA
- ZANAHORIA
- CALABAZA O ZUCCHINI
- APIO
- TAMARINDO
- FRUTA DE TEMPORADA
- LIMÓN
- MANZANA
- SANDÍA
- PLÁTANOS
- AGUACATE
- PAPAYA
- NARANJA
- FRUTOS ROJOS
- PEPINO

- CIRUELAS
- ARÁNDANOS

Esenciales de cocina

- SAL REFINADA
- SAL EN GRANO
- PIMIENTA
- AJO EN POLVO
- ORÉGANO
- CANELA
- TOMILLO
- ROMERO
- PIMENTÓN
- CÚRCUMA
- ACHIOTE
- COMINO
- AZAFRÁN
- CUBITOS DE CALDO DE POLLO
- CUBITOS DE CALDO DE RES
- ALBAHACA
- VAINILLA
- LAUREL SECO
- CHILE EN POLVO

Comida enlatada

- ATÚN

- SARDINAS
- FRIJOLES AL GUSTO
- LECHE EN POLVO
- LECHE CONDENSADA
- LECHE EVAPORADA
- CHIPOTLES
- RAJAS
- VERDURAS
- HOJUELAS DE MAÍZ Y
- FRUTAS EN ALMÍBAR

Granos y cereales

- FRIJOLES
- ARROZ
- LENTEJAS
- AVENA
- LINAZA
- MAÍZ

Carne, pollo, pescado y mariscos

- BISTEC
- CHULETAS Y CARNE MOLIDA (CERDO O RES)
- CORTES DE RES AL GUSTO
- CORDERO
- PECHUGA DE POLLO
- MUSLO Y PIERNA DE POLLO

- FILETE DE PESCADO
- CAMARONES
- SALMÓN
- JAMÓN DE CERDO O PAVO
- SALCHICHA DE CERDO O PAVO
- TOCINO

Embutidos y lácteos

- LECHE
- LECHE DE SOYA
- LECHE DE ALMENDRA
- QUESO
- QUESO CREMA
- CREMA ÁCIDA
- MANTEQUILLA
- MARGARINA
- CHORIZO
- SALAMI

Cuidado personal

- JABÓN DE TOCADOR
- SHAMPOO
- ACONDICIONADOR
- GEL PARA CABELLO
- DESODORANTE
- TOALLAS FEMENINAS

- PAPEL HIGIÉNICO
- PASTA DE DIENTES
- CEPILLO DE DIENTES
- CREMA PARA CUERPO Y ROSTRO
- ESPUMA DE AFEITAR
- NAVAJA Y HOJAS DE AFEITAR
- PAÑALES
- PAÑUELOS DESECHABLES
- MAQUILLAJE

Limpieza general y otros

- SERVILLETAS
- TOALLAS ABSORBENTES
- PAPEL ALUMINIO
- PLÁSTICO PARA ENVOLVER
- BOLSAS DE BASURA
- FIBRA Y ESPONJA PARA TRASTES
- JABÓN PARA LAVAR TRASTES
- DESENGRASANTE
- ESCOBA
- RECOGEDOR
- CUBETA
- FRASCOS
- TRAPOS
- JABÓN PARA LAVAR ROPA (LÍQUIDO, EN POLVO O EN BARRA)
- LIMPIADOR DE DRENAJES

- LIMPIADOR DE PISOS
- CLORO
- LIMPIAVIDRIOS
- FOCOS
- VELAS
- CERILLOS Y/O ENCENDEDOR
- PILAS
- GUANTES

Una vez que tengas una lista completa de compras, puedes ir de compras sabiendo que no faltará nada en tu casa cuando llegues. Recuerda, compra alimentos congelados y refrigerados al final.

Conceptos básicos de limpieza

Uno de tus roles como adulto es limpiar, ¡y estás a punto de descubrir que hay cerca de un millón de diferentes productos de limpieza para el hogar! Limpiadores de polvo, limpiadores de ventanas, limpiadores multiusos, limpiadores de pisos, desinfectantes y desengrasantes están disponibles para todo tipo de usos. Pero, ¿realmente es necesario gastar tanto en ellos o se trata solo de acumular latas innecesarias?

Productos de limpieza

Para mantener cada área de tu casa en perfectas condiciones, incluyendo los trastes, la estufa, los muebles y otros, necesitarás los utensilios necesarios. Muchos productos de limpieza son innecesarios, así que repasemos los que son necesarios y por qué.

Los básicos

Dependiendo del tipo de piso (azulejos, alfombra, linóleo o madera), tendrás que conseguir un producto que te ayude a mantenerlo en perfectas condiciones. Escobas, recogedores y cubetas para trapeador son un buen comienzo.

Guantes, trapos y fibras a considerar

- Un paño suave (mejor de microfibra) para limpiar el polvo.
- Un paño para limpiar la cocina, uno para la encimera todos los días y otro para la parrilla.
- En el baño, necesitas un par, uno para el inodoro y otro para el resto de los accesorios y superficies.
- Uno extra para limpiar los vidrios de las ventanas, por ejemplo, podría ser una buena idea.
- Al limpiar, no olvides proteger tus manos. Los guantes siempre son útiles.

Productos de cocina a considerar

- Detergente para lavavajillas o detergente para máquina lavavajillas (específico para este electrodoméstico). Agregar abrillantador y sal si vives en una zona con agua dura.
- Desinfectante (antibacterial) para superficies de cocina. Amoníaco y agua para azulejos.
- Limpiar campanas y otras áreas con desengrasante.
- Líquido limpiador de pisos
- Limpiacristales
- Limpiador de superficies antibacteriano

Productos para lavandería a considerar

- Un buen detergente y suavizante para tu ropa.
- Productos específicos para eliminar manchas y olores de sudor.

Productos para baño

- Un paño específico para el área del inodoro.
- Cloro para WC y un agente limpiador que no dañe el esmalte de los inodoros ni los grifos (usa un paño suave, no una esponja abrasiva).
- Un spray limpiador antical se puede utilizar para eliminar manchas difíciles en mamparas de ducha.
- Los limpiacristales funcionan mejor en espejos.
- Para el piso, un limpiador de pisos diluido en agua.

Rutina de limpieza

La clave para una vida feliz es un hogar ordenado; dividir la limpieza en tareas diarias, semanales y mensuales es fácil de lograr. Organizar tus tareas según la frecuencia con la que deben hacerse te ayudará a evitar olvidar algo. Aquí hay un ejemplo de horario de limpieza.

Limpieza diaria

Hay algunas cosas que debes hacer todos los días. Debes colocar los utensilios limpios en gabinetes y cajones en la cocina, luego los platos sucios deben limpiarse o ponerse en el lavavajillas si tienes uno. Con este método, tu fregadero siempre estará despejado.

También necesitarás limpiar los restos de comida con un estropajo o un paño para que no se acumulen y terminen oliendo desagradable más tarde. Después de eso, limpia la encimera y la vitrocerámica y aspira si es necesario.

Asegúrate de que la sala esté ordenada, recoge periódicos, libros, tazas de café vacías o revistas que estén esparcidas.

Abre las ventanas de la habitación por la mañana para ventilar y recoge cualquier ropa o zapatos en el suelo. Finalmente, airea las sábanas y colchas. Asegúrate de guardarlas en los cajones y gabinetes correspondientes; al hacer esto diariamente, siempre tendrás todo perfectamente organizado.

Aunque el baño necesita una limpieza profunda cada semana, debes limpiarlo superficialmente todos los días. Esto implica pasar sobre el lavabo, el inodoro, la ducha y las mamparas más que nada.

Sacar la basura a diario también será necesario, especialmente si es orgánica, para evitar que huela. Los inorgánicos también se desecharán cada pocos días, junto con el vidrio y el cartón, en sus respectivos contenedores.

Limpieza semanal

Considera aprovechar un par de horas los fines de semana para limpiar a fondo la casa para que se mantenga en perfectas condiciones durante toda la semana. A diferencia de la limpieza diaria, la limpieza semanal requiere minuciosidad y dedicación.

Con la limpieza diaria, la cocina se mantendrá limpia, pero debes aspirar y trapear todos los rincones del piso cada semana. Además, será el momento de enfocarse en los electrodomésticos que se usan a diario y son fáciles de limpiar, como el horno o el microondas. Al pasar un paño con un producto especial en el interior de ambos electrodomésticos, puedes evitar que se ensucien demasiado y prolongar su vida útil. También será necesario darle una pasada al exterior de la campana extractora durante la limpieza semanal, reservando el interior para la limpieza mensual.

En la sala, es hora de sacudir las mantas y las almohadas, así como aspirar y quitar el polvo de la mesa, la estantería y los estantes. También puedes aprovechar esta oportunidad para desechar periódicos, revistas y papeles viejos que ya no necesitas y que estorban. Las flores frescas alegrarán tu semana cuando las pongas en un florero.

También es importante limpiar a fondo el baño, prestando especial atención a los azulejos de la ducha, el espejo y el suelo. Siguiendo el plan de limpieza diaria, no tendrás que dedicar demasiado tiempo a limpiar el lavabo, la ducha y el inodoro.

Podrías considerar poner tu ropa sucia en la lavadora durante el fin de semana. También se recomienda lavar las toallas y cambiar las sábanas cada semana. Además, si planchas la ropa limpia una vez por semana, evitarás que se acumulen.

Quita el polvo de todas las superficies y estantes de la casa con la aspiradora sin olvidar los marcos de las puertas y los cuadros que cuelgan en las paredes.

Limpieza mensual

Según muchos expertos, ciertos electrodomésticos deben limpiarse a fondo al menos una vez al mes. Al hacerlo, se pueden mantener en buen estado de funcionamiento por un período de tiempo más largo.

Las campanas extractoras deben desmontarse y limpiarse por dentro y por fuera con agua caliente y vapor, así como los filtros con productos anti-grasa. Para prevenir la acumulación de cal y suciedad, también es importante lavar periódicamente la lavadora y el lavavajillas. Muchos modelos ofrecen un programa especial para lavar el electrodoméstico.

También es posible que desees revisar el refrigerador en detalle. Retira todos los alimentos caducados del refrigerador y deséchalos. Después de esto, limpia el interior y las bandejas del congelador para eliminar cualquier resto y asegúrate de repasar el congelador.

Tanto el interior como el exterior de los cristales de las ventanas necesitan limpiarse con regularidad. El mercado ofrece una amplia gama de productos adecuados para este propósito y herramientas especiales que se mejoran para facilitar tu trabajo.

Limpieza de temporada

A medida que cambian las estaciones, es hora de una limpieza más específica, como cambios de guardarropa: guardar la ropa que ya no necesitas y sacar la que comenzarás a usar.

Si tienes plantas, también puedes aprovechar para podarlas y quitar las hojas muertas. Si tienes un jardín, es hora de quitar las hojas y ramas, limpiar las malas hierbas y no dudes en darle un nuevo aspecto plantando flores frescas.

Si está presente, un parquet debe mantenerse adecuadamente para conservar su hermosa apariencia. Pasa la mopa sobre el suelo utilizando los productos específicamente diseñados para este tipo de pisos, luego aplica una capa de cera para que luzca más brillante.

Limpieza anual

Dedica uno o dos días al año a las áreas de la casa que no suelen limpiarse muy a menudo pero donde se acumula suciedad.

En cuanto a la cocina, retira del armario cualquier paquete o lata de comida que haya pasado su fecha de vencimiento y deséchalos. Después de limpiar, usa un paño y jabón para limpiar a fondo la superficie. Continúa limpiando los gabinetes y cajones donde guardas tus platos, vasos y cubiertos. Asegúrate de no pasar por alto ningún rincón.

Saca toda la ropa de tus armarios, tanto en las habitaciones como en los pasillos, y guarda toda la ropa y zapatos que no uses en cajas para donar o tirar si están en mal estado. Además, mientras el armario y sus estantes estén vacíos, asegúrate de limpiarlos a fondo. El mejor momento para hacer esta limpieza es durante el cambio de guardarropa de verano o invierno.

Si tus cortinas o persianas están hechas de tela, puedes lavarlas en la lavadora y ventilar tus alfombras, colchones y almohadas. Si algo no cabe en la lavadora, puedes lavarlo en la bañera o llevarlo a la tintorería.

3. Lavandería, consejos de mantenimiento del hogar y más

Lavado de ropa

Saber cómo lavar la ropa en la lavadora es el primer paso para mantener la ropa luciendo nueva por más tiempo y también prolongar la vida útil de tu lavadora. El secreto es evitar algunos errores que cometemos por desconocimiento o rutina, y así ahorrar tiempo, recursos y, al final, dinero.

Evita estos cinco errores al lavar:

1. Llenar en exceso la lavadora con ropa. El tambor debe llenarse un poco más de tres cuartos, con espacio suficiente para que quepa tu mano entre la ropa y las paredes del tambor. Si lo llenas demasiado, la ropa puede no moverse lo suficiente y no salir limpia.
2. Ignorar la función de cada compartimento para detergente, suavizante y blanqueador. Es esencial verter cada producto en su lugar para evitar mezclas que pueden arruinar las telas. También debes seguir las señales de nivel y no excederte.

3. Agregar más detergente del necesario y no seleccionar el ciclo de lavado adecuado. Dosifica según las instrucciones del fabricante, basándote en la suciedad y la dureza del agua. Al agregar más producto, no estás lavando mejor. Al contrario, pueden quedar restos de detergente o suavizante en la ropa, por lo que tendrás que volver a lavarlas. Si tu ropa está poco sucia, lávala en ciclos cortos y agua fría; si está muy sucia, lávala en ciclos más largos y temperaturas más altas.

4. No clasificar la ropa antes de lavarla. Para una mejor limpieza, separa las prendas por color (blanco, color, negro) y telas similares.

5. No leer las etiquetas (especialmente si es una prenda nueva). Las etiquetas nos informan sobre temperaturas; lavado a máquina, en seco o a mano; tolerancia al blanqueador. No des nada por sentado. Si no tienes cuidado, podrías arruinar una prenda. Aquí hay una lista de algunos símbolos de lavado comunes que encontrarás en la ropa:

- Lavado a máquina
- Lavado a mano
- No lavar
- No usar blanqueador
- Temperatura del agua a 30 grados
- Planchar
- No planchar

- Secado en secadora
- Secado por goteo
- Secado en plano
- Limpieza en seco
- No limpiar en seco

Cómo hervir un huevo

¡Suena simple, pero es una habilidad muy importante en la vida! Si puedes hervir un huevo, puedes preparar una comida muy rápida. Así que aquí te explico cómo hacerlo. Hierve un poco de agua con una pizca de sal en una olla. Asegúrate de que haya suficiente agua para cubrir el huevo.

Lleva a ebullición y luego reduce el fuego a fuego lento durante 3-5 minutos. A diferentes personas les gustan diferentes consistencias en su huevo duro. Un huevo de 3 minutos seguirá estando un poco líquido. Un huevo de 5 minutos estará menos líquido. Experimenta con la cocción de tu huevo.

También puedes enfriar el huevo y comerlo más tarde sumergiéndolo en agua fría durante un rato, hasta que esté más frío y luego puedes quitar la cáscara.

Cómo saber cuándo la comida se ha echado a perder

Tus sentidos pueden detectar el deterioro de los alimentos, ya que la comida se vuelve rancia o mohosa cuando se echa a perder, y puedes oler, saborear o ver esto antes de que sea inseguro comerla. La regla general es que cuando la comida parece echada a perder, es mejor desecharla. Si tienes dudas, tírala. La intoxicación alimentaria es bastante desagradable y debe evitarse. Hay varias cosas a tener en cuenta, como malos olores, recubrimientos viscosos y verdosos o moho en la superficie. Colores muy oscuros en la carne, piel blanda en el pescado, grumos en la harina, magulladuras o partes blandas en las frutas y verduras son signos de que estos alimentos están en mal estado y no deben ser consumidos.

Cómo planchar una camisa

Al planchar cualquier parte de la camisa, debes asegurarte de que la tela esté bien estirada. Si planchas la arruga en lugar de quitarla, la empeorarás.

Comienza por el interior del cuello de la camisa. Desliza la plancha sobre las áreas arrugadas de un extremo a otro. Voltea la camisa y repite el proceso. Por último, dóblala por la mitad y pásale la plancha varias veces.

Luego, estira cuidadosamente la camisa sobre la superficie y quita las arrugas cerca del cuello.

Después, puedes planchar los puños abiertos desabrochando el botón para que no quede una línea en el medio.

A continuación, termina de planchar las mangas y acomoda la tela tomando las mangas por sus costuras internas y asegurándote de que ambos lados estén planos antes de comenzar.

Después, plancha la parte trasera, con la camisa abierta, y luego la parte delantera.

Plancha alrededor de los botones en lugar de sobre ellos, ya que podrías quemarlos y destruirlos.

Cómo cambiar la batería en un detector de humo

Lo primero que debes hacer es verificar qué tipo de batería usa tu detector. Cuando no tengas el manual de fábrica, puedes buscar en Google tu dispositivo y ver qué batería necesita. O después de quitar la batería actual y conseguir otra similar.

Cambiar una batería requiere que primero verifiques si el detector está conectado a una red eléctrica. Si lo está, debes desconectar la energía de la red para trabajar de manera segura. A continuación, debes quitar el detector de humo, generalmente desenrollando o deslizando la tapa, dependiendo del modelo. Después de haberlo abierto, debes identificar dónde se encuentra la batería y quitarla.

Presta atención a cómo está colocada la batería, ya que debes insertar la nueva de la misma manera.

Asegúrate de que la batería que pongas funcione antes de volver a colocar la tapa. Verifica si hay alguna luz que indique que el equipo está encendido o si hay algún sonido que indique que ya está funcionando. Vuelve a colocar la tapa en el detector para terminar. Nunca te quedes en una casa sin un detector de humo funcionando, ya que podría salvarte la vida.

Cómo arreglar tu inodoro

Un inodoro puede presentar varios problemas, así que si no quieres gastar mucho dinero llamando a un especialista, primero deberías intentar arreglarlo tú mismo.

Un problema que puede surgir es que el inodoro se atasque y ya no descargue. Esto suele ocurrir porque alguien ha tirado algo que no debería al inodoro, como toallas sanitarias o toallitas húmedas, etc. Usa un desatascador varias veces para aflojar cualquier material que pueda estar obstruyendo el inodoro.

Si tu inodoro no descarga, también revisa el tanque para ver si tiene suficiente agua. Tal vez sea un problema de agua. La manija de tu inodoro que empujas para que descargue también podría haberse roto. Un síntoma común es que el agua sale a borbotones del tazón, y en este caso, debes verificar si el mecanismo de descarga o el mecanismo de entrada de agua ha sido dañado. En cualquiera de los casos, se debe abrir el tanque para revisar su contenido.

Debes arreglar el mecanismo de entrada si el nivel de agua está por encima del nivel de descarga, ya que no se detiene cuando debería y el agua sigue entrando a pesar de estar lleno. Por otro lado, si el nivel del agua está por debajo del nivel de descarga, el mecanismo de salida debe estar defectuoso.

Dado que se utilizan piezas de plástico a diario, es difícil arreglarlas una vez que se rompen. Es importante identificar qué parte del equipo está rota en este caso para no tener que reemplazar todo. Puedes intentar ajustar sus partes y posición si identificas qué parte no está funcionando, pero si notas una parte rota, la mejor solución es reemplazar todo el mecanismo.

Parte 2: Productividad, salud y relaciones

En un vuelo, cuando de repente la cabina se despresuriza, nos dicen que nos pongamos una máscara primero y luego ayudemos a los demás, ¿verdad? Lo mismo ocurre con tu bienestar en la vida cotidiana. Pensar en proyectos, relaciones, trabajos y metas a largo plazo es muy difícil si no sabes cómo cuidarte día a día. Una vida mental y física saludable, rutinas que se adapten a tus necesidades y aprender a crear relaciones valiosas en las que puedas ser tú mismo proporcionarán una gran base para crecer y tener éxito.

1.   Salud

La diferencia entre "saludable" y "enfermo" era evidente cuando eras niño. Si había un médico y algunas medicinas involucradas, estabas enfermo. El resto del tiempo, estás sano. A medida que creces, te das cuenta de que la salud es un poco más complicada. Ansiedad, estrés, alergias, ¿dónde las ubicamos? Es difícil trazar la línea.

Por eso es importante recordar que la salud no es solo la ausencia de enfermedad, sino también un estado de bienestar físico, mental y social. Y para vivir una vida saludable, necesitamos prevenir, no reaccionar.

El poder del autocuidado

El autocuidado comprende todos esos hábitos y actitudes que podemos realizar para preservar y mejorar nuestra salud diariamente.

El autocuidado es igual a entrenar tus músculos para prevenir lesiones durante una carrera. Hacer cambios simples en tus hábitos diarios fortalecerá tu sistema y salud. Estos son algunos de los cambios que puedes considerar.

Comer comida real

Haz que una variedad de frutas, verduras, proteínas y granos enteros sean la base de tu dieta. Cocinar en lotes y tener una cocina organizada te ayudará a lograr esto.

Sé consistente en cuándo comes. Saltarse comidas no es saludable a largo plazo, lo que te hace consumir mucha más comida de la necesaria en la siguiente comida o picar opciones poco saludables.

Teniendo en cuenta nuestro ritmo de vida actual, esto a veces puede parecer difícil, pero es algo que debes priorizar.

Entre comidas, evita picar o elige bocadillos saludables, como nueces sin freír o frutas que proporcionen nutrientes esenciales.

La hidratación es clave. Además de ayudar a eliminar toxinas, el agua ayuda a la digestión y previene el estreñimiento. Se recomienda consumir dos litros de agua cada día. Tener una botella grande que puedas llevar contigo a todas partes y usarla como dispositivo de medición para rastrear cuánta agua bebes es la forma más fácil de lograrlo. Agua, no refrescos ni jugos azucarados. En caso de que no estés acostumbrado a beber agua regularmente, agregar algunas rodajas de pepino o limón a tu botella de agua para darle sabor puede facilitar su consumo.

Por último, la nutrición debe reducirse en alimentos muy procesados, que son altos en grasas trans o saturadas, y consumir alimentos con grasas poliinsaturadas, como salmón, aceite vegetal, nueces o semillas.

No lo olvides, realmente somos lo que comemos, ¿así que basarás tu dieta en comida chatarra?

Dormir bien

Descansar es vital para que nuestro cuerpo funcione correctamente. Además de afectar nuestros sistemas hormonal, inmunológico y respiratorio, el sueño deficiente también puede afectar nuestra presión arterial y salud cardiovascular.

Además, varias investigaciones muestran que no dormir puede aumentar el riesgo de obesidad, infecciones y enfermedades coronarias.

Dormir bien es más que solo dormir entre 7 y 9 horas (las horas de descanso recomendadas). Implica tener una hora regular para acostarse y despertarse, tener una rutina antes de dormir (como cepillarse los dientes, bañarse o leer) y no tomar café o bebidas con cafeína después de las 4 pm. Además, dormir con ropa cómoda en una habitación oscura y tranquila es clave.

Si te resulta difícil dormir temprano y generalmente te acuestas tarde, hay dos cambios que puedes hacer. Cuando se pone el sol, haz una pausa en el uso de pantallas y redes sociales. Por lo general, nos hiperactivan, así que si usas menos el teléfono, verás cómo aparece la necesidad de descansar. Además, intenta cenar dos horas antes de acostarte y atenúa las luces después de hacerlo. Si haces esto de manera constante, se convertirán en señales para que tu cuerpo sepa que pronto llegará el momento de descansar y ayudarlo a relajarse.

Mueve tu cuerpo

Un estilo de vida saludable depende en gran medida del deporte. Si crees que no tienes tiempo o no estás listo para comenzar una actividad física intensa, puedes comenzar con pequeños pasos, como caminar durante períodos cortos o estirarte por la mañana. Mantén tus músculos activos caminando. Asegúrate de levantarte cada 60 minutos si pasas mucho tiempo sentado.

La actividad física moderada a largo plazo diariamente traerá muchos beneficios, como ayudarte a controlar tu nivel de azúcar en sangre, reducir el riesgo de enfermedad coronaria, promover la calidad del sueño e incrementar la atención plena en tu cuerpo.

Con el tiempo, puedes aumentar la intensidad de tu deporte. Aprende a escuchar a tu cuerpo. No fuerces ni tensiones tu cuerpo. Usa equipo adecuado para el deporte que practiques. Unos buenos zapatos y ropa transpirable son esenciales.

Alcohol: Ten cuidado

El número de muertes anuales por alcohol en todo el mundo es de 3 millones. La OMS informa sobre los efectos perjudiciales del abuso del alcohol, que se asocia con más de 200 patologías y puede provocar trastornos mentales y del comportamiento.

En cuanto al consumo de alcohol, la moderación es clave. Los nutricionistas y profesionales de la salud recomiendan limitar el alcohol a eventos sociales o fines de semana, no más de dos unidades por evento. Además, es fundamental beber agua intercalada con alcohol.

Si bebes alcohol durante la semana, no consumas más de una unidad diaria. La unidad de bebida constituye una cerveza de tamaño medio o una copa de vino.

Ten en cuenta tu higiene

Una de las cosas buenas que nos ha dejado el COVID-19 es la conciencia del papel de la higiene personal en la prevención de enfermedades. La buena higiene personal y la limpieza son esenciales, especialmente en casa.

Lavarse las manos debe ser parte de tu rutina. Esto incluye después de viajar, antes de comer y después de pasar tiempo con animales.

Si practicas ejercicio físico o te desplazas por la ciudad, es bueno ducharse diariamente para controlar los gérmenes que pueden afectar tu piel.

Además, cambiar tus sábanas y toallas una vez a la semana te ayudará a dormir en un ambiente limpio y prevenir alergias, brotes en la piel, asma y otras posibles reacciones relacionadas con la falta de limpieza regular.

Finalmente, si vives en la ciudad, es recomendable incorporar la costumbre asiática de quitarse los zapatos y dejarlos en la puerta al llegar a casa. Los beneficios prácticos son obvios: quitarse los zapatos mantiene limpios los pisos y las alfombras. Pero también, servirá como recordatorio de la intención de mantener tu hogar como un espacio limpio.

Vive despacio, prioriza la salud mental

Como parte de alcanzar la salud física, también se debe considerar la salud mental. Si uno no está bien, afectará al otro y viceversa.

Uno de los principales riesgos para nuestra salud mental hoy en día es el estrés. No solo está constantemente presente en nuestras mentes, sino que nos arrastra en bucles de comportamientos de evitación para "sentirnos mejor", como adicciones, dietas más pobres o vida sedentaria.

Cuando se trata de cuidar tu salud mental, puedes comenzar tomando unos minutos desconectado antes de comenzar tu día. Conectar con lo que sientes, física y emocionalmente, es clave.

Aprende a aceptarte y pide ayuda si la necesitas. La meditación es una excelente manera de mejorar la salud mental y fomentar y nutrir relaciones con familiares y amigos. Ten uno o más propósitos vitales para motivarte, ya que tener un objetivo a largo plazo mejora tu salud mental.

El autocuidado es menos complicado de lo que parece. Se trata principalmente de ser conscientes, estar al tanto de lo que ponemos en nuestros cuerpos (comida, agua, alcohol, tiempo de pantalla) y cómo lo usamos en nuestra vida diaria. Comienza observando tu vida cotidiana para ver qué recomendaciones podrías introducir para mejorar tu bienestar. Recuerda, "prevenir es mejor que curar."

Salud 101: Chequeos médicos anuales

Cuando llegas a los 20 años, ir al médico depende de ti. Esto significa que es tu responsabilidad cuidar de tu salud. Los chequeos anuales son la mejor manera de asegurarnos de que estamos sanos, tratar enfermedades rápidamente y mantener alta nuestra calidad de vida. Después del verano, un chequeo médico te mostrará cómo te encuentras para que puedas regresar con confianza a tu vida regular. Un chequeo médico completo incluiría lo siguiente:

Especialista clínico

- Control de colesterol (si hay factores de riesgo, de lo contrario, se realizan cada cinco años)
- Detección de diabetes (si hay factores de riesgo presentes)
- Vacunas recomendadas
- Análisis de sangre
- Detección de enfermedades hereditarias
- Deportistas: Examen del sistema circulatorio y electrocardiograma para detectar anomalías relacionadas con la muerte súbita.

Dermatólogo

- Examen de la piel para verificar lesiones o lunares sospechosos

Especialista en salud sexual

- Hombres: Examen testicular
- Mujeres: Prueba de Papanicolaou, vacuna contra el VPH, examen de senos.
- Detección de infecciones de transmisión sexual (a petición del paciente)

Profesional de salud mental:

- Se recomienda si hay antecedentes de trastornos emocionales.

Dentista:

- A tiempo, puedes solucionar problemas de caries y encías.

Aunque parezca mucho, solo se hace una vez al año. Lleva un registro de tu salud anualmente y no habrá sorpresas. A través del autocuidado y un chequeo médico anual, adoptarás el mejor enfoque para tu salud: prevención. Al mejorar tus hábitos diarios, tendrás la confianza de que todo va bien al programar un chequeo anual. Si te preguntas si ganas algo, la respuesta es; todo. Tu cuerpo estará en su mejor momento, así que estarás más cerca de alcanzar tus metas. La pregunta es, ¿qué objetivos te estás planteando?

2. Establecimiento de metas

Si estás perdido en el mar, un mapa puede ser muy útil, pero también necesitas saber el nombre del lugar al que quieres ir. Lo mismo ocurre en la vida. Primero necesitamos establecer nuestras metas. ¿Qué queremos lograr en nuestra carrera este año? ¿Qué queremos lograr en nuestras vidas personales en los próximos 12 meses? ¿Cuáles son nuestras metas de salud para este año? Cuando sabemos cuáles son nuestras metas, es mucho más sencillo elaborar un plan para llegar allí.

Metas EMARO

Muchos adultos pasan sus vidas corriendo de un trabajo a otro, de proyecto en proyecto, sin sentirse nunca satisfechos con lo que hacen. Por lo general, esto sucede porque aceptan lo que otros les piden hacer, en lugar de elegir su propia dirección en la vida.

Por ejemplo, yo era gerente de proyectos en una empresa de tecnología. Me gustaba mi trabajo, pero a medida que pasaban los meses, me sentía infeliz con la cantidad de horas extras que eran necesarias. Durante el verano, mi jefa me llamó a su oficina. Ella elogió mi ética de trabajo y dijo que si continuaba en este camino, habría una promoción a gerente de proyectos senior en mi futuro, lo que también incluiría un aumento de salario. Dos meses después, renuncié a mi trabajo, ya que el pequeño aumento adicional en el salario y un mejor título laboral también habrían significado más horas en la oficina y cero equilibrio entre el trabajo y la vida personal. Pero al conocer mis metas en la vida, como lograr un equilibrio entre el trabajo y la vida personal y, a largo plazo, mudarme de regreso al campo, decir no a un trabajo de alto perfil en la ciudad fue fácil para mí. Y fue una de las mejores decisiones que tomé.

Las metas EMARO son un acrónimo que guiará el establecimiento de tus objetivos. Con el tiempo, probablemente lograrás muy poco si no sabes adónde quieres llegar. Tener ideas claras se convertirá en esfuerzos enfocados y uso productivo del tiempo y los recursos, aumentando las posibilidades de lograr lo que deseas en la vida.

Específicas: Tus metas deben ser claras y enfocarse en lo que deseas. Los objetivos simples y significativos son los que estamos buscando.

Medibles: Debemos medir qué tan cerca estamos de alcanzar nuestras metas para hacer cambios si es necesario.

Alcanzables: El error más común al establecer metas es apuntar demasiado alto. Definir metas que podamos lograr es fundamental para no sentirnos frustrados y rendirnos. Dividir las metas en objetivos más pequeños o en períodos más cortos es útil para lograr esto. Esto no significa que no apuntemos a la luna, simplemente comenzamos con pequeños pasos en la tierra.

Realistas: Nuestras metas deben ser algo que podamos hacer. Esto no significa una meta fácil, sino una alcanzable.

Orientadas al tiempo: Las metas que establecemos deben definirse en el tiempo. Esto aclarará los procesos y facilitará la comprensión de los pasos que debemos seguir para lograr lo que queremos.

Usar el acrónimo EMARO al establecer metas te ayudará a obtener claridad, enfoque y motivación. Después, debes determinar qué objetivo coincide con tus necesidades en las diversas áreas de tu vida.

Divide y vencerás: Metas por áreas

Hay un concepto similar detrás de construir un imperio y crear quién quieres ser: dividir y conquistar. Al establecer metas, necesitas identificar qué es importante para ti para crear objetivos que sean consistentes con lo que valoras. Una distribución por categorías es un buen sistema para establecer metas. Aquí hay información sobre diferentes áreas y algunas preguntas que puedes usar para identificar tus metas.

Metas de Desarrollo Personal

Las habilidades personales e interpersonales están estrechamente relacionadas con este tipo de objetivos.

- ¿Qué rasgos de carácter te gustaría desarrollar?
- ¿Hay alguna habilidad que quieras dominar?
- ¿Qué tipo de amigo quieres ser?
- ¿Qué podrías hacer para tu bienestar físico?
- ¿Te gustaría superar tu miedo a hablar en público?
- ¿Te gustaría ser una mejor pareja? ¿Hablar francés? ¿O tocar la guitarra?

Como puedes ver, hay infinitas opciones para desarrollarnos. ¿Son los idiomas, los deportes y las habilidades interpersonales lo que necesitas para crecer y ser quien quieres ser?

Metas Profesionales/Financieras

Ya sea una carrera, un negocio o finanzas, estas metas están relacionadas con lo que quieres tener y ser.

- ¿Te gustaría ser un mejor líder y administrar mejor a tus equipos?
- ¿Qué niveles de abundancia financiera deseas alcanzar?
- ¿Qué posición quieres lograr en tu empresa? ¿O quieres convertirte en empresario y trabajar para ti mismo?
- ¿Cuánto quieres ganar?
- ¿Te gustaría convertirte en el mejor vendedor de tu empresa?
- Si eres empresario o gerente, ¿qué metas tienes para tu organización?
- ¿Hasta dónde te gustaría llegar?

Objetivos de Aventura

Hay dos aspectos en estas metas: están relacionadas con lo que quieres tener y hacer a nivel lúdico.

- *¿Cuál es el plan de aventura y relajación que más deseas en el mundo?*

- *¿Viajar a Australia?*
- *¿Una casa en la playa? ¿Un velero? ¿Un automóvil deportivo?*
- *¿Pasear por Nueva York?*
- *¿Ir a un concierto de rock?*

Objetivos de Contribución

Estas pueden ser las metas más desafiantes e inspiradoras porque esta es tu oportunidad de dejar tu huella en el mundo y "tocar" las vidas de otras personas.

- ¿Te gustaría trabajar en una ONG?
- ¿Ser voluntario en un comedor popular, ayudar a eliminar la basura en tu área local?

Una vez que hayas escrito tus metas SMART para cada área de tu vida, es hora de regresar al presente. Al establecerlas, debemos recordar que, aunque son importantes, nuestras metas están en el futuro y el cambio real ocurre en el presente. Entonces, como hacemos con una brújula, las miramos de vez en cuando para no perdernos, pero nos acercamos paso a paso.

En la vida cotidiana, esos pasos nos acercarán a nuestras metas. El éxito no es un acto, sino un hábito.

3. Rutinas diarias

Vivir solo, o incluso con compañeros de piso, puede dificultar la gestión del tiempo. Todos nos hemos despertado cinco minutos antes de que comience el trabajo. Aunque esto puede ocurrir ocasionalmente, no es una buena manera de impresionar a tu jefe.

Vivir atrasados siempre nos pone en modo de supervivencia, lejos de la creatividad y la productividad. La mejor manera de prevenir esto es crear una rutina que se adapte a tus necesidades. Tener una rutina tiene sólidos beneficios, como ayudarte a crecer personal y mentalmente, y perseguir varios objetivos.

Si aún no tienes una rutina, es hora de crear una.

Descubre tu rutina

Cuando se trata de crear tu rutina, hay algunas cosas a tener en cuenta.

- Saber lo que quieres y por qué lo quieres.
- Estar dispuesto a experimentar. El ensayo y error es la mejor manera de encontrar lo que funciona y desarrollarlo en lo que necesitas para seguir creciendo.

- Planifica un pequeño número de tareas en lugar de sobrecargar tu rutina con demasiadas cosas que hacer.
- Asegúrate de que tu rutina esté alineada con tus objetivos SMART, para estar seguro de que tus tareas corresponden con lo que buscas.
- No te preocupes si rompes la rutina o el hábito. Acéptate como humano, crece cada día y comienza de nuevo mañana.

Lo que necesitas en tu rutina diaria

Crear tu rutina puede llevar mucho tiempo y energía, por lo que es fundamental tener puntos específicos que harán que tu rutina sea exitosa y satisfactoria.

Rutina diaria

- Inicio temprano
- Tiempo para hacer ejercicio
- Meditación
- Horarios de comida
- Bloques de trabajo
- Momentos de crecimiento personal
- Pasatiempos y actividades personales
- Tiempo sin pantallas

1. Un comienzo temprano

La forma en que manejamos nuestro tiempo de sueño afecta en gran medida nuestra salud y calidad de vida. Hay muchas teorías sobre qué es mejor, ser noctámbulo o madrugador. Parte de esto consiste en descubrir en qué momentos estamos más despiertos y productivos. Por ejemplo, mi cerebro funciona mejor por la mañana, es cuando puedo concentrarme realmente y enfrentar mis tareas más difíciles. Sin embargo, ¡no me despierto temprano de forma natural! Entonces, para alcanzar mis objetivos, programo una alarma y me aseguro de que la luz del sol de la mañana temprano entre en mi habitación, para ayudarme a despertar de forma natural también.

Diferentes cosas determinan tus niveles de energía durante el día, pero generalmente la mayoría de las personas son muy enérgicas por la mañana. Al despertar temprano, puedes aprovechar las horas más enérgicas de tu día. Este es también el momento ideal para hacer ejercicio. No solo tienes la energía que tus músculos necesitan para funcionar de la mejor manera, sino que también estimulas tu cuerpo, lo que te permite comenzar el día con la mente despejada.

Además, comenzar el día temprano te permite abordar tu día con cierta reflexión (introspección) y planificación. Reservar unos minutos cada mañana para conectarte contigo mismo es importante para poder crear un programa realista basado en cómo te sientes y lo que consideras más importante. Por último, tu sueño se beneficiará de seguir el ritmo circadiano natural. Cambiar tus hábitos podría ser difícil, pero no imposible si actualmente vives más de noche que temprano en la mañana. Tiene sentido que planifiques tus actividades de acuerdo con el ciclo de luz y oscuridad.

La luz tiene un enorme impacto en nuestro sistema circadiano. Entonces, si deseas ser una persona madrugadora, intenta reducir la exposición a la luz en la noche e incrementarla en la mañana. Esto incluye dispositivos electrónicos como tabletas, computadoras y teléfonos móviles.

Otras señales, como una rutina de sueño consistente, pueden impactar en tu sistema circadiano. Lo hacemos con niños y bebés, ¿no es cierto? Baños, cepillado de dientes y cuentos para dormir son todas señales para que ellos entiendan que la hora de dormir se acerca. Probablemente puedas lograr un efecto similar si te preparas un té o difundes algunos aceites antes de acostarte, incluso si no tienes a alguien que te lea un cuento o te cante una canción.

Como con otros hábitos, debes ser consistente al cambiar tus patrones de sueño: "Comienza lentamente, durante un par de días o semanas, y luego mantén el esfuerzo hasta que se convierta en un hábito". Requiere disciplina, pero se puede lograr.

2.   Una rutina de cuidado de la piel

Para comenzar con una rutina de cuidado de la piel, hay muchas cosas que puedes hacer. Como con cualquier cosa, comenzar lentamente es recomendable si nunca antes has aplicado productos. Aquí te mostramos los conceptos básicos que puedes seguir.

Limpieza

¡Idealmente, deberíamos lavarnos la cara todos los días! El sudor y el sebo se producen durante el día. No es repugnante; es necesario, ya que un área desprotegida de la cara se cubre. Pero la piel es grasosa, por lo que la contaminación, el humo, los metales pesados, el polvo y el smog se adhieren a ella.

Limpiar tu cara se puede hacer de varias maneras, según tus necesidades.

Aceite limpiador: Este es un básico del cuidado de la piel coreano. Se aplica un aceite facial (especialmente hecho para la cara) en la cara y se masajea suavemente para derretir el maquillaje y el protector solar. Este aceite no se adhiere a la piel. Debido a su fórmula, emulsionan al contacto con el agua, lo que facilita su eliminación. Puedes encontrar muchas marcas diferentes de limpiadores en tu farmacia o droguería local.

Jabón: Puedes usarlo todas las mañanas y noches. Eliminará el maquillaje o el protector solar. Si te resulta agresivo, considera un gel limpiador o un bálsamo.

Por la noche, usa agua micelar o aceite limpiador para eliminar el maquillaje, protector solar y la suciedad del día. Idealmente, es bueno lavarse la cara por la mañana y por la noche.

Hidratación/humectación

La hidratación o humectación debe ser el segundo paso en tu rutina de cuidado de la piel. ¿Cómo son diferentes? La primera proporciona agua a tu piel y la segunda proporciona aceite a tu piel. Para una rutina básica, comencemos con un humectante.

¿Cuál debería usar? Al igual que con tus otros productos, depende de tu tipo de piel. Algunas cremas humectantes están diseñadas para pieles más jóvenes, que pueden ser más grasosas y propensas a brotes. Otras están diseñadas para pieles más secas que han perdido parte de su elasticidad. Siempre elige productos hipoalergénicos si tienes piel sensible.

Protección solar

Todos nosotros deberíamos usar protector solar todos los días de nuestras vidas. No importa cómo esté el clima, dónde estemos, incluso si llueve. A diferencia de otras radiaciones, los rayos UV son potentes y pueden atravesar paredes, vidrios y nubes. Como resultado, el protector solar es más que solo una necesidad de playa.

¿Y de qué nos protegemos? Principalmente de la radiación que, a largo plazo, puede causar cáncer de piel. Además, podemos prevenir manchas, arrugas y la textura de la piel.

Quizás tienes la impresión de que los protectores solares son incómodos, grasosos, pesados y dejan un efecto blanco en la piel. Gracias a los cientos de productos en el mercado hoy en día, hay algo para todos, incluidos protectores solares con textura ligera, matificantes y algunos con colores. No hay razón para que no protejas tu piel del sol.

Una rutina de cuidado de la piel correcta se puede resumir en esos pasos. Este puede ser un buen lugar para comenzar si nunca has usado productos en tu cara. Limpia, hidrata y usa protector solar en ese orden. Puedes aplicar maquillaje después. Si no, estás bien preparado para enfrentar las adversidades del cambio climático y la contaminación, con tu piel protegida.

Puedes agregar otros productos como sueros o aceites específicos a medida que tu rutina evoluciona.

3. Tiempo para hacer ejercicio

Los expertos recomiendan un mínimo de 60 minutos de ejercicio todos los días. Teniendo en cuenta cuánto tiempo pasamos sentados frente a las computadoras cada día, una hora a menudo no es suficiente para compensar los efectos de nuestro estilo de vida sedentario.

El ejercicio beneficia todos los sistemas de tu cuerpo. Se liberarán dopamina y otros neurotransmisores, brindándote una sensación de bienestar a lo largo del día. Tu salud mental mejorará, tendrás más claridad y dormirás mejor.

Puedes activar tu sistema digestivo al realizar actividad física. Al satisfacer esa necesidad con alimentos más saludables, podrás aprovechar al máximo tus entrenamientos y desencadenar un ciclo de bienestar. También puedes prevenir el aumento de peso, las enfermedades cardíacas, la diabetes tipo 2 y la presión arterial alta con ejercicio regular. Correr o levantar pesas puede ayudar a fortalecer tus huesos. El tenis también es una excelente manera de mantenerte en forma y conocer a nuevas personas.

Además, es bueno incluir bloques cortos de ejercicio en tus mañanas. Entrenar tu fuerza, flexibilidad o habilidades aeróbicas puede tomar solo 20 minutos de tu mañana, brindándole a tu cuerpo todos los beneficios detallados anteriormente.

Lo más importante de hacer ejercicio es disfrutarlo. Aquellos que encuentran una actividad que disfrutan mantendrán la constancia. Además del entrenamiento matutino, debes tratar de incorporarlo en tu rutina diaria y hacer que sea una prioridad encontrar una actividad que disfrutes.

4. Meditación

John Lennon lo dijo mejor: "La vida es lo que te sucede mientras estás ocupado haciendo otros planes". Tómate un segundo para procesar esta cita. Vuélvela a leer si es necesario. ¿Qué surge dentro de ti? ¿Tu mente está donde tus pies, o está en otro lugar?

Es solo un momento el que marca la diferencia: el momento en que estamos allí, registrando lo que sucede en nuestras vidas, lo que sea. Si nos distraemos, la experiencia se escapa. Podríamos modernizar la cita de John Lennon: "La vida es lo que te sucede mientras sacas tu teléfono para tomar una foto".

La primera lección sobre la atención plena es que no se trata de nuevas experiencias sino de nuevas perspectivas. El verdadero bienestar proviene de conectarse directamente con la fuente de esa sensación, dentro o fuera de nosotros mismos. Una vida consciente es una vida feliz. Y la meditación puede ser una buena manera de ejercitar nuestras habilidades de atención plena a diario.

Cuando no podemos encontrar una respuesta a nuestros problemas, la meditación ofrece otra manera. Aunque meditar no es una panacea que hará que el dolor desaparezca, proporciona otros beneficios. Para algunos, puede producir una sensación de paz y determinación. Puedes profundizar tu comprensión a través de un destello de percepción mientras meditas.

Aquí hay algunos consejos para incorporarlo en tu rutina diaria:

1. *¿Qué debes vestir?*

Comienza quitándote los zapatos y poniéndote ropa holgada. Deja de lado cualquier ropa ajustada o accesorios ruidosos que lleves y entra en el estado de meditación libre de cualquier cosa que pueda hacer que la experiencia sea incómoda.

2. *¿Dónde debes hacerlo?*

La meditación debe realizarse en algún lugar donde puedas sentirte cómodo y concentrarte en la práctica sin distraerte con los estímulos de tu entorno. Tu casa, el parque, tu jardín, la playa, cualquier lugar puede ser un buen lugar si sientes que te permitirá desacelerar y conectarte con el presente.

3. ¿Cómo debes sentarte?

Ten en cuenta que incluso si le dedicas unos minutos, si mantienes una mala postura para meditar, sentirás de inmediato molestias por tener la espalda cargada, las piernas entumecidas o los brazos flexionados de manera inapropiada, y esto te distraerá. Ya sea sentado en el suelo o en una silla, mantén la espalda recta pero sin tensión, respira profundamente y mantén los hombros y brazos relajados.

4. ¿Qué sucede si los pensamientos te interrumpen?

Cuando meditas, pueden surgir diferentes pensamientos, problemas personales, incomodidad en ese momento o dudas sobre si lo estás haciendo correctamente (lo que suele ocurrir cuando recién comienzas). Aceptar estos pensamientos es importante.

A través de la meditación, exploramos la idea de que el bienestar psicológico comienza aceptando pensamientos, emociones y sensaciones corporales que simplemente no se pueden cambiar ni eliminar. Si tienes pensamientos como estos, acéptalos y devuelve tu atención al objeto, la respiración, el sonido o la sensación.

5. ¿Cuánto tiempo debes meditar?

Al comenzar a meditar, debes aumentar el tiempo poco a poco. Para mejorar tu salud y bienestar, comenzar con una meditación de un minuto es ideal y avanzar gradualmente a 20 o 30 minutos de meditación diaria.

Recuerda que la meditación y la relajación deben ser una parte agradable de tu día. Hacerlo con alguien que amas o en un lugar que disfrutes lo convertirá en un momento valioso para ti.

5. Hora de la comida

El tiempo que asignamos a la comida debe dividirse en dos partes; tiempo para cocinar y tiempo para comer. En cuanto al primero, cocinar, la mejor alternativa es planificar semanalmente y cocinar en lotes. Si quieres desayunar al comienzo de tu día, programa un horario. Desayunar antes de comenzar el trabajo del día es la mejor manera de comenzar bien el día.

Al almuerzo y la cena, come con atención plena, planifica tus actividades para que no interfieran con estos momentos y trata de no comer mientras trabajas o miras televisión. Ser conscientes de nuestra dieta nos permite tomar decisiones adecuadas sobre los alimentos. Nuestro metabolismo es una razón importante por la que debemos comer a ciertas horas del día. Los expertos en nutrición y alimentación creen que los humanos deben tener un reloj biológico que dicte a qué horas comer para evitar trastornos metabólicos y desequilibrios nutricionales.

6. Bloques de trabajo

¿Cuántas veces te has encontrado lidiando con múltiples plazos al mismo tiempo en tu trabajo? A pesar de la presión de estar sobrecargado y agobiado, hay una forma de mantenerse eficiente. Esto se llama bloqueo de tiempo.

Organizar el tiempo de esta manera implica categorizarlo en diferentes bloques temáticos. De esta forma, sabes exactamente qué debes hacer durante cada hora de trabajo. Además, estos bloques temáticos te permiten estructurar tareas en torno a un hilo común sin saltar de una actividad a otra. Esto nos ahorra tiempo y nos mantiene enfocados. Saber que un tiempo específico está dedicado a una tarea, y nada más, permite que tu mente se concentre en lo que estás haciendo, lo que liberará tu capacidad para pensar y crear.

Organizar tu trabajo de esta manera te permite tener un plan de acción diario, lo que evitará que pierdas plazos para tareas que se vuelven urgentes.

El aspecto más importante de estructurar tu tiempo de trabajo en bloques es determinar cuánto tiempo se requiere para que una acción sea efectiva. En otras palabras, determina cuánto tiempo tomará cada tarea. De lo contrario, si programas tu tiempo de manera poco realista, puedes experimentar el estrés y la frustración de haberte impuesto un ritmo imposible.

7. Momentos de crecimiento personal

Al igual que los deportes y la meditación, el crecimiento personal no ocurrirá sin tiempo dedicado a ello en nuestro horario. Para incorporarlo a tu rutina diaria, debes entender que consta de dos componentes distintos: desaprender e incorporar nuevas ideas.

Desaprender significa dejar de lado parte de esos modelos que habitan en nuestros entornos y que hemos interiorizado para crear algo nuevo. Para hacerlo, necesitamos autoconciencia y habilidades de pensamiento crítico, que entrenamos al meditar.

Y es entonces cuando incorporar nuevas ideas entra en escena. Al leer o escuchar podcasts a diario, tu nivel de conocimientos seguirá creciendo y creciendo a medida que te vuelvas más consciente de nuevos temas. Aprenderás nuevo vocabulario, mejorarás tu ortografía y también podrás aprender cosas nuevas con cada libro, como cultura e historia. Cuanto más leemos, más descubrimos.

Con solo leer 20 minutos al día, verás la diferencia. No tienen que ser 20 minutos seguidos, pueden ser 10 minutos durante el día y 10 minutos por la noche. Esto equivale aproximadamente a 20 páginas por día, y aunque no parezca mucho, si lees 20 páginas todos los días, habrás llegado a 140 páginas en un mes, habrás leído más de 500 páginas y en un año 7000 páginas. El promedio de libros es de aproximadamente 300 páginas; si quieres, puedes leer 25 libros en un año. Todo lo que tienes que hacer es mantenerte constante y dedicado a tu desarrollo personal.

8. Pasatiempos y actividades personales

Dedicar tiempo a ti mismo como parte de tu rutina diaria podría ser lo último en lo que pienses. Sin embargo, necesitas tiempo para ti mismo para poder prosperar. En primer lugar, recuerda que necesitas dedicar unas horas al día para mimarte. Eso puede incluir leer, practicar kickboxing o cualquier otro pasatiempo que elijas. Por lo tanto, una de las reglas principales en lo que respecta a los pasatiempos es darse cuenta de que son actividades que disfrutas y puedes utilizar para sentirte motivado o feliz a lo largo de tu día.

Si permites que tu tiempo libre se use solo para ser productivo, te sentirás desmotivado y estresado. Como sociedad, hemos adoptado la idea de que necesitamos ser constantemente productivos o, de lo contrario, estamos perdiendo el tiempo. Es imposible ser productivo cada minuto del día, por lo que descansar o simplemente hacer cosas para relajarse no debería ser algo de lo que nos sintamos culpables.

9. Noches sin pantallas

Como ya sabemos, nuestro cuerpo tiene su reloj interno, que está controlado por hormonas. Cuando oscurece, la melatonina, una hormona que se produce naturalmente por la noche, comienza a tomar el control a medida que la producción de cortisol del día disminuye. Hormonas como estas le indican a tu cuerpo que es hora de dormir.

Las pantallas, como teléfonos inteligentes, computadoras portátiles y televisores, emiten luz azul, que bloquea las señales de "sueño" enviadas a tu cerebro por la melatonina. No es de extrañar que no duermas bien cuando te expones a la luz azul por la noche.

Apagar las pantallas antes de acostarse puede ser difícil, pero darle a tu mente y cuerpo un período de descanso sin distracciones tecnológicas es el objetivo. Para lograr esto, intenta crear una rutina antes de acostarte libre de pantallas desde el principio hasta el final, de al menos 30 minutos de duración. Como parte de una rutina saludable antes de acostarse, la Fundación Nacional del Sueño recomienda guardar los dispositivos electrónicos una hora antes de la hora de dormir.

Dedicar un tiempo antes de acostarte para prepararte para el día siguiente es una excelente manera de estar consciente de tu rutina y las actividades diarias. Prepara la ropa, ordena la cocina y tómate un momento para revisar tu agenda.

Finalmente, es buena idea tomarte un tiempo para reflexionar sobre tu día antes de dormir. Especialmente si puedes plasmar tus pensamientos por escrito. De esta manera, puedes consultar las notas para rastrear los cambios a lo largo del tiempo y ajustar tu rutina según las necesidades reales que observes.

Siempre deja espacio para el crecimiento y el cambio

Al construir tu rutina, siempre debes asegurarte de que haya espacio para la mejora y la adaptación. Tener una rutina tiene grandes beneficios y debes aprovecharlos. Puedes observar cambios en tu vida personal, salud física y mental, y en la búsqueda de tus objetivos.

Pero sé abierto a la realidad de que las cosas pueden necesitar ajustes. La próxima vez que notes que algo no funciona, presiona el botón de pausa y pregúntate por qué. No tengas miedo de detenerte, reevaluar e intentarlo de nuevo. Para alcanzar tus objetivos, debes dedicar tiempo a pensar y a incorporarlos en tus actividades diarias. Así podrás alcanzar tus metas, ser feliz y crear una vida que ames.

4. Relaciones

Crecer trae muchos cambios en nuestras relaciones. Conocemos nuevas personas cuando entramos en nuevos entornos, como el lugar de trabajo. Las amistades que eran muy cercanas en nuestra adolescencia pueden perder fuerza. Para sentirnos realizados y construir las relaciones que queremos a medida que maduramos, necesitamos algunas ideas sobre cómo movernos en cada área.

Amor

Como regla general, las relaciones adultas tienden a ser más satisfactorias que las de la juventud. A medida que maduramos, disfrutamos de un mayor equilibrio emocional y bienestar. De hecho, los expertos dicen que la seguridad y la serenidad que proporciona el amor adulto pueden mejorar la salud psicológica y emocional.

El amor maduro es beneficioso porque se ha trabajado de manera individual y en pareja. La intensidad de nuestras emociones separa un vínculo de este tipo de uno adolescente. Los adolescentes se entregan una y otra vez y pierden la perspectiva. Como adultos, podemos respetar el espacio del otro y trabajar juntos en equipo.

La definición de una relación íntima es dos personas maduras e iguales que se aman, trabajan juntas, comparten lo que tienen en común y respetan lo que las hace diferentes. Es una relación basada en la interdependencia, donde se apoyan mutuamente en igual medida, sin que sea una limitación. Cada pareja respeta la individualidad del otro y acepta el comportamiento del otro. Nuestras diferencias en intereses, valores o preocupaciones no se atribuirán a la ausencia de amor o distancia, sino a nuestras diferencias individuales.

Al pensar en construir relaciones personales, debemos tener en cuenta los siguientes principios:

• Demarcación: cuando dos personas forman una relación voluntaria, asumen que la relación tiene prioridad sobre todos los demás (amigos, familia, trabajo). La pareja es voluntaria. La decisión se toma con el objetivo de tener una relación positiva y satisfactoria entre ambas partes.

• Prioridad pero no exclusividad: la relación de pareja no nos impedirá relacionarnos y atender a otras personas importantes para nosotros.

• Flexibilidad de roles: Como pareja, enfrentaremos diferentes situaciones que requieran adoptar roles complementarios. Nos ajustaremos el uno al otro según la situación.

- Igualdad de valor: los dos miembros de la pareja valen lo mismo. Por el simple hecho de estar vivos, cada persona tiene un valor intrínseco.

- Negociación: La capacidad de resolver conflictos a satisfacción es una característica fundamental de una buena relación. De esta manera, las negociaciones no se convertirán en una lucha de poder, donde podamos sentir que estamos perdiendo, sino que estaremos en esto a largo plazo. Estamos cooperando y comprometidos. Por lo tanto, nuestra disposición a "cambiar" es más positiva. Para mejorar nuestra flexibilidad, realizaremos cambios con los que nos sintamos cómodos, en primer lugar para nosotros. Será mutuamente beneficioso a largo plazo. Si una pareja tiene problemas, afectará a ambos. Por eso es importante verlo desde ambos lados.

Al tener en cuenta estos principios, podrás construir una relación sólida y valiosa y evitar las tóxicas.

Trabajo

La mayor parte de nuestras vidas adultas se pasan trabajando, en la organización a la que nos dedicamos. Todos sabemos que la calidad de nuestro entorno laboral y relaciones determina nuestra disposición y motivación para enfrentar las tareas. Nuestras relaciones laborales también pueden llevar a amistades.

Toda la organización contribuye al ambiente laboral. Para mejorar el ambiente día tras día, los gerentes de recursos humanos deben hacer su parte, así como los colaboradores, los gerentes intermedios y los trabajadores básicos. A la luz de esto, los siguientes cinco consejos te ayudarán a mantener una relación laboral saludable y valiosa, lo que nos permitirá sentirnos satisfechos y felices.

- *Comunicación fluida:*

Una buena comunicación ayuda a las organizaciones a alcanzar sus objetivos y aumentar la productividad. Es esencial para las relaciones. Debemos evitar hablar de nuestros colegas y hacer comentarios negativos a sus espaldas, ya que eso puede dañar la comunicación y crear problemas.

Al comunicarnos con los demás, siempre debemos ser directos. También es buena idea evitar los temas de trabajo en nuestro tiempo libre, ya que aprender a mejorar los otros aspectos de nuestras relaciones laborales es importante.

• *No culpar a otras personas*

A menudo no somos responsables de los errores o problemas que comete la empresa en su conjunto, porque culpar a terceros no es nuestro trabajo. Podemos abordar este tema sin tener que acusar a otras personas. Sin embargo, debemos tener en cuenta que todos somos humanos y todos cometemos errores, así que no hablemos mal de nadie. Podemos comenzar asumiendo nuestro papel en el asunto y ayudando a las personas que lo necesiten.

• *Compartir el éxito:*

No debemos sentirnos mal o celosos de nuestros colegas y amigos que tienen éxito en lograr objetivos o completar un proyecto antes que nosotros. De hecho, todo lo contrario es cierto. Debemos alegrarnos por los demás y aprender de ellos para poder aplicar sus estrategias en nuestro propio trabajo.

Si el trabajo de otras personas se valora sinceramente y de manera positiva, se fortalecerán el clima y las relaciones laborales. Además, esto demostrará la gran camaradería del equipo y el interés en lograr el éxito común y evitar rivalidades o malentendidos.

Tu interés en los demás y tu amabilidad acercarán a las personas y mejorarán el ambiente. La mejor manera de hacer que el trabajo diario en la organización sea excelente es siendo alegre y generando buenas conversaciones con todos.

- *Ayudar y permitir*

A veces necesitas las opiniones y la ayuda de los demás. Es entonces cuando nos damos cuenta de que tenemos buenas relaciones y lo vitales que son para un trabajo bien hecho.

Debemos ponernos a disposición para ayudar a los demás y permitir que nos ayuden cuando sea necesario. El trabajo en equipo es lo mejor si buscas lograr objetivos, mejorar a diario y crear un clima de respeto y confianza.

- *Amigos*

Como seres sociales, todos necesitamos amigos (¡incluso hay un día nacional para celebrar a los amigos!). Sin embargo, los tipos de amistades que cultivamos pueden cambiar con el tiempo. Los niños tienen una capacidad notable para llamar a alguien su amigo. Cuando ven a un niño de su edad en el parque, ya lo consideran su amigo, aunque tal vez ni siquiera sepan su nombre.

Con la edad, este concepto cambia y hay más condiciones para considerar a alguien un amigo. ¿Cuándo se considera a alguien un amigo? Una relación amistosa depende de que dos personas encuentren algo en común, una afinidad, según la RAE. Podría ser compartir un pasatiempo, una actividad, una experiencia o simplemente tener intereses similares.

Como seres humanos, sin embargo, no podemos permanecer estáticos todo el tiempo. Al igual que nuestros cuerpos, nuestras experiencias, intereses y prioridades también cambiarán en el futuro; en consecuencia, nuestras amistades también cambiarán. Adaptarse es necesario ante estos cambios, que a veces pueden resultar en una crisis. Existe una necesidad imperante de ajustarse a esta nueva situación, lo que lleva a dos posibles resultados: que nuestros lazos de amistad se mantengan y perduren a través de la tormenta; o que se rompan. Para mantener una relación, ambos lados deben tener el verdadero deseo de hacerlo. Las relaciones saludables requieren respeto, tolerancia, escucha y sinceridad. Cada amistad tiene su propio nivel de exigencia y, por lo tanto, requiere su propio nivel de cuidado.

Todos vivimos en un mundo donde las relaciones juegan un papel importante en nuestra vida cotidiana. Tan importante como trabajar en nosotros mismos y nuestros proyectos es trabajar en los lazos que tenemos con las personas que amamos. Para tener una vida plena, necesitamos más que "éxito profesional", necesitamos compartirlo con personas que amamos.

5. Preguntas frecuentes y consejos útiles

Qué poner en tu botiquín de primeros auxilios

Lo mejor en caso de una emergencia es estar preparado. ¿Qué se debe incluir en un botiquín de primeros auxilios en casa? Aquí hay una lista de algunas de las cosas básicas más importantes que debes incluir:

- Toallitas de alcohol o gel de alcohol
- Antisépticos como peróxido de hidrógeno y solución yodada.
- Curitas o vendajes de diferentes tamaños para cubrir la herida o controlar el sangrado.
- Gasas esterilizadas.
- Suero fisiológico.
- Esparadrapo.
- Tijeras.
- Guantes.

Además, tu botiquín de primeros auxilios debe guardarse en un área limpia y segura. Y, por supuesto, debe ser accesible. Revisarlo al menos dos veces al año para reemplazar los elementos vencidos es imprescindible.

Qué hacer en caso de una reacción alérgica

Lo primero que debes hacer es evaluar la gravedad de la alergia. Esta puede ser leve, como picazón en la boca o la piel, o toser por polvo o polen. O puede ser grave, como ronchas grandes o parches en la piel, o dificultad severa para respirar. En el primer caso, lo ideal es identificar qué está causando la reacción y evitar el contacto con esa sustancia. No comer cierto alimento, evitar usar una crema específica o simplemente cerrar las ventanas para que no entre el polvo del exterior.

En el segundo escenario, la situación es complicada, así que habla con alguien más conocedor. La mejor opción es visitar a un médico.

Qué método anticonceptivo es mejor para ti

Para comenzar, debes saber que el condón es el único método que, además de prevenir el embarazo, previene las enfermedades de transmisión sexual, por lo que es muy importante que lo uses.

Las mujeres pueden complementar la protección con pastillas anticonceptivas que, además de prevenir el embarazo, también pueden ayudarte a reducir el acné y el hirsutismo, regular los ciclos menstruales, tener períodos menos dolorosos y controlar otras afecciones asociadas con la menstruación.

Otros métodos, sin embargo, son más complejos y requieren más dedicación. Por lo tanto, examinarlos y analizarlos cuidadosamente es conveniente antes de decidirse por ellos. Entre estos se encuentran los DIU (Dispositivos Intrauterinos) que deben ser colocados por un ginecólogo, el diafragma para las mujeres que no desean un método hormonal, o los anticonceptivos inyectables o los parches anticonceptivos.

¿Por qué debes usar protector solar a diario?

El uso de protector solar no se limita a las vacaciones de verano o a las visitas a la piscina, ya que la exposición al sol sin protección tiene las mismas consecuencias durante todo el año.

Cuando caminas al supermercado o corres en el parque, eres menos consciente de ello, lo cual es cuando más te perjudica. En términos técnicos, el sol causa envejecimiento de la piel al formar radicales libres, que destruyen las fibras de colágeno. Como resultado, pueden aparecer arrugas, flacidez, deshidratación y manchas. Exposiciones significativamente mayores pueden provocar cáncer de piel.

Por todas estas razones, comenzar a usar protector solar todos los días es una buena elección.

Cómo tratar una quemadura

Tu tratamiento dependerá de la gravedad de la quemadura. Las quemaduras se clasifican según su gravedad. El primer grado es el menos grave, afecta la capa externa de la piel y causa poco dolor, enrojecimiento e hinchazón. El segundo grado afecta capas más profundas y provoca ampollas. Las quemaduras de tercer y cuarto grado pueden dañar articulaciones y huesos, lo que requiere tratamiento en un hospital.

Primero debes poner el área afectada bajo agua fría durante unos 20 minutos. Tan pronto como la sensación de ardor haya disminuido, debes lavar suavemente el área quemada con agua y jabón. Más tarde, puedes seguir agregando algo frío cada cinco a quince minutos, dependiendo de la gravedad del dolor. Para quemaduras graves, debes buscar atención médica lo más pronto posible.

Conceptos básicos de RCP

Cuando te enfrentas a una persona que no puede respirar normalmente o si está respirando pesadamente, conocer estos pasos puede ser beneficioso, ya que puedes salvar su vida. Lo primero que debes hacer es contactar a un servicio de emergencia o pedir ayuda mientras realizas RCP.

Para hacer las compresiones torácicas, primero debes encontrar el centro del pecho, colocando dos dedos en la unión de las costillas y la base de la otra mano sobre los dos dedos.

Mientras presionas con la base de una mano y la otra encima de ella con los dedos entrelazados, debes realizar alrededor de 100 compresiones por minuto, es decir, 1 o 2 por segundo, siempre que el pecho baje al menos 2 pulgadas (5 cm).

Si esto no funciona, se debe realizar un paso más complejo y debes tener capacitación previa para ello. Se necesitan 30 compresiones seguidas de dos respiraciones, y debes repetir este ciclo tantas veces como sea necesario hasta que el paciente pueda respirar por sí mismo.

Cómo identificar amistades que te empoderan

Al elegir amigos, es fundamental saber distinguir entre amistades positivas y tóxicas.

Amigo positivo

- Te anima a lograr tus metas
- Te apoya
- Comparte tu felicidad cuando tienes éxito
- Valora tu amistad.
- Cuando están juntos, te sientes bien contigo mismo
- Un amigo así marca una diferencia positiva en tu vida, y tú también marcas una diferencia positiva en la suya.

Amigo tóxico

- Sabotea en secreto tus sueños y éxitos haciéndote dudar.
- Es alguien celoso de tu relación y quiere aprovecharla para manipularte.
- Te sientes incómodo con él/ella y concluyes que debe ser por ti.

Parte 3: Éxito en la carrera y el trabajo

Encontrar un trabajo

Puede ser difícil conseguir tu primer trabajo, pero también es un hito importante en tu carrera profesional. Tu primer trabajo puede cambiar el rumbo de tu carrera. Por ejemplo, podrías descubrir actividades que realmente disfrutas, en las que terminas especializándote, o podrías encontrar un nicho laboral que te abre puertas.

Puedes hacer algunas cosas para facilitar tu búsqueda de empleo. Hay muchos sitios de empleo en línea a los que puedes unirte, tanto para trabajos en áreas específicas como para trabajos desde casa. Si estás en la universidad, ¿tienes oportunidades de pasantías? Al comenzar, siempre es una buena oportunidad para ingresar al mundo profesional.

Muchos trabajos hoy en día requieren que los candidatos realicen una pasantía antes de ser considerados para puestos de aprendiz o efectivos. Por lo tanto, si aún eres estudiante universitario o estás en medio de un curso profesional, se recomienda comenzar buscando una gran oportunidad de pasantía.

Ejercita el networking: es hora de conocer gente y activar tus contactos.

La ayuda de un contacto puede facilitar tu primera oportunidad en el mercado. La persona puede recomendarte para trabajos disponibles en la empresa donde trabaja o también destacar tu perfil a otros profesionales que tienen puestos vacantes en sus equipos de trabajo.

Otro punto a considerar al buscar tu primer trabajo es el networking. Buscar conexiones es importante en cualquier etapa de tu carrera, pero especialmente al principio. Esto se debe a que cuando conoces profesionales interesantes al principio, pueden convertirse en buenas conexiones en el futuro.

Puedes comenzar conectándote con personas que ya están cerca de ti. Personas de tu curso, profesores u otros estudiantes son una buena opción si estás en la universidad o en un curso técnico. Además, encontrar cursos económicos o gratuitos relacionados con tu interés profesional en tu ciudad puede ser una buena inversión en este punto. No solo crecerás en conocimientos, sino que si aprovechas al máximo esa oportunidad, podrías encontrar contactos valiosos con oportunidades interesantes para tu carrera.

Por último, asistir a eventos gratuitos en tu área y acercarte a las personas para tomar un café puede ayudarte a hacer amigos. Una conferencia, seminario, feria o congreso puede ser una excelente oportunidad para mantenerte actualizado y conocer gente nueva.

Elegir el área correcta, prepararte para la entrevista y armar un buen CV son pasos importantes para convertir una oportunidad ideal en una propuesta.

Tu currículum

Teniendo en cuenta que un currículum es el primer paso en el mundo laboral, querrás considerar cuidadosamente los detalles, ya que es tu oportunidad de causar una excelente primera impresión. Si estás armando tu primer currículum, la falta de experiencia puede ser una preocupación importante. La experiencia siempre es valiosa, incluso si parece pequeña, pero también puedes incluir otros elementos en tu currículum.

Qué debe incluir tu currículum

Considera tu falta de experiencia como una oportunidad para aprender y comenzar desde cero en una empresa en lugar de una desventaja. Céntrate en las cosas que tienes independientemente de tu experiencia.

· **Información personal**

Incluye tu nombre completo, ciudad, número de identificación, perfiles en redes sociales y números de teléfono móvil. No es necesario ingresar tu estado civil ni más información.

· Foto

Elegir la foto adecuada para tu currículum es muy importante. Debe mostrarte como una persona confiable y profesional. Esto no significa que no debas sonreír en tus fotos; una leve sonrisa te hará lucir enérgico y fresco. En cualquier caso, es mejor usar una foto de aspecto oficial con traje o camisa, preferiblemente con un fondo liso.

· Perfil

Describe brevemente quién eres de manera formal, pero no técnica. Incluye tu último nivel de educación, intereses principales, objetivos profesionales, habilidades y por qué eres un buen candidato para una empresa. Cuatro o cinco líneas deberían ser suficientes.

· Educación

Desde el más reciente hasta el más antiguo, enumera los niveles de tus estudios cronológicamente. Además, enumera los cursos, talleres, etc., que hayas tomado.

· Logros

Destaca cualquier tipo de reconocimiento, beca, premio, investigación, seguimiento, publicaciones, voluntariado, participación en grupos, logros de premios u otra situación ilustrativa de tu estilo de trabajo y liderazgo.

· Experiencia profesional

Para los candidatos sin experiencia, es la parte más temida de sus currículums. Está bien si aún no tienes experiencia laboral; simplemente elimina esta sección de tu perfil y completa el resto. Sin embargo, si has realizado una pasantía, algún trabajo a tiempo parcial (repartidor, mesero, etc.) o cualquier voluntariado con una asociación. Esas pequeñas experiencias demuestran que eres responsable y trabajador. En este caso, es bueno que las incluyas en esta sección.

· Habilidades

Aprovecha esta oportunidad para enumerar todas las cosas en las que eres hábil, como programas tecnológicos, habilidades de liderazgo, hablar en público, escribir, teclear, etc. Este es el lugar para lucirte. Asegúrate de señalar cuáles habilidades y competencias te harán destacar.

· Idiomas

A menudo, las empresas prefieren que hables más de un idioma, ya que la comunicación con personas de otros países que hablan un idioma diferente es importante en este mundo globalizado.

· Referencias

Si es posible, incluye una o dos referencias que puedan hablar con sinceridad sobre tus habilidades. Muchas personas pueden verificar la información en tu currículum, como tus profesores, compañeros de clase, empleadores anteriores (si los tuviste) y otros.

Cómo llamar la atención con tu currículum.

Dado que las personas que trabajan en la selección de personal suelen estar bastante ocupadas, la impresión visual que haga tu currículum es esencial. Para asegurarte de que tu currículum no sea descartado de inmediato, sigue estos consejos a continuación para llamar la atención del empleador y que tu CV sea revisado.

- No uses colores fuertes ni fuentes difíciles de leer. Cuando entregues tu currículum a un reclutador, haz que el primer encuentro sea amigable y agradable. Podrán concentrarse en el contenido si no tienen que hacer mucho esfuerzo para entender el estilo.

- No tengas errores de ortografía. Tu capacidad para escribir bien está directamente relacionada con tu nivel de educación y tu capacidad para expresarte bien, lo cual se requiere en muchas posiciones diferentes dentro de las organizaciones. Una situación como esta reflejaría mal en ti y llevaría a una deducción de puntos.
- Si serás preseleccionado dependerá de cómo y qué digas. La clave es cautivar a tu lector con frases cortas que describan tus habilidades, destrezas y otras características valiosas para la empresa en la que deseas trabajar.
- Debes expresar tus ideas de manera dinámica, entusiasta y positiva. Es importante mostrar que estás abierto a aprender y colaborar. Los empleados dinámicos y motivados siempre serán importantes dentro de las organizaciones, así que proyecta eso.
- Tu currículum no debe exceder las dos páginas. Los empleadores te avisarán cuando necesiten más información, así que no te explayes demasiado en tus descripciones de trabajo.

Ni siquiera el médico más experimentado encuentra fácil conseguir un nuevo empleo, ya que buscar trabajo también es una cuestión de actitud. Debemos capturar información cuidadosamente en nuestros currículums, ya que será nuestra primera oportunidad de establecer contacto con alguien que pueda ofrecernos la oportunidad que estamos buscando. La segunda oportunidad para causar una buena impresión es en tu entrevista, así que prepárate para eso también.

La entrevista de trabajo

Llegaste a la etapa de la entrevista porque tu currículum destacó entre los demás. Sin embargo, no debes ser demasiado confiado y perder la oportunidad de mostrar tu talento y lo bien que encajas en el puesto. Una entrevista de trabajo puede ser exitosa si escuchas atentamente las preguntas que te hace el reclutador para evitar cometer errores que te hagan quedar mal.

Lo que necesitas saber para pasar tu primera entrevista.

Una entrevista de trabajo puede ser estresante y ponerte nervioso, así que estar preparado puede ayudar a controlar tus nervios y aumentar nuestras posibilidades de éxito.

· Practica frente a un espejo o con un amigo o familiar: Hacer esto antes de la entrevista te ayudará a controlar tu lenguaje no verbal durante la entrevista y corregir tus errores. También te ayudará a organizar tus ideas y responder las preguntas de la entrevista de trabajo con más confianza.

· Infórmate sobre la empresa: Es esencial saber qué hace, qué productos o servicios ofrece y cuál es su posición en comparación con la competencia. Puedes obtener más información sobre la empresa y cómo se comunican en su sitio web.

· Viste de acuerdo al ambiente de la empresa: Si el trabajo es para un banco o consultora, debes usar traje o ropa formal. Sin embargo, si la vacante es en una start-up o una empresa joven, puedes vestir de manera informal sin exceder los límites de lo informal.

· Lleva una pequeña libreta y un bolígrafo: Puedes necesitar tomar notas de conclusiones, preguntas o impresiones que puedan surgir durante la entrevista de trabajo. También es recomendable llevar dos o tres copias de tu currículum, ya que puedes encontrarte con más entrevistadores de los que pensabas.

· Recuerda ser puntual el día de la entrevista: Este es el primer paso para demostrar tu profesionalismo y responsabilidad.

· Controla el lenguaje no verbal: Evita jugar con objetos mientras interactúas con el reclutador, como bolígrafos, y siempre míralo a los ojos para demostrar calma y seguridad.

· Equilibra tu discurso: Destaca tus habilidades, muestra tu deseo de aprender y trabajar, y evita jactarte o pretender que ya lo sabes todo.

· Explícate bien, responde brevemente y coherentemente: No debes interrumpir al entrevistador y escucha atentamente sus preguntas. Esto te ayudará a responder con mayor precisión.

· Mantén una actitud optimista, positiva y receptiva: Haz preguntas al reclutador al final de tu entrevista para indicar tu interés en el puesto.

· No mientas: Los reclutadores te descartarán automáticamente si descubren engaños o manipulaciones. Resalta solo tus fortalezas y cualidades.

Conseguir un trabajo no es imposible, pero requiere compromiso y tiempo. Al haber encontrado el empleo más adecuado para ti, es hora de prepararte para tu primer día.

¿Qué preguntas debo esperar en mi primera entrevista?

"Cuéntame sobre ti."

Este tipo de pregunta suele ser la primera en una entrevista de trabajo. Debes explicar brevemente quién eres (experiencia, perfil profesional, formación, etc.). La presentación debe ser breve y enfocada en el trabajo que deseas.

"¿Por qué estás buscando trabajo?"

Sería bueno hablar de cómo necesitas avanzar en tu carrera o completarla adquiriendo experiencia en otros campos profesionales. Si estás desempleado porque te despidieron, debes mantener una actitud positiva y no detenerte en las razones del despido. En su lugar, concéntrate en desarrollar una carrera satisfactoria e interesante.

"¿Qué sabes de nosotros?"

Esta es probablemente una de las preguntas de entrevista más comunes, ya que debes conocer la empresa antes de ir a una entrevista. Conocer la empresa es algo que debes hacer antes de siquiera solicitar un empleo. De lo contrario, parecerás desinteresado, lo que reducirá tus posibilidades de ser contratado.

"¿Por qué quieres trabajar con nosotros?"

Debes preparar una respuesta que combine tu plan de desarrollo profesional con la investigación que ya has hecho sobre la empresa.

"¿Qué es lo más importante para ti en tu vida?"

No tienes que decir que tu trabajo es lo más importante para ti por obligación. La mejor respuesta sería una que abarque varios aspectos de tu vida. Por ejemplo: "Para mí, es importante encontrar un equilibrio para disfrutar de todos los aspectos de la vida, incluido pasar tiempo con mi familia y dedicar tiempo a crecer profesionalmente."

"¿Cuál es tu experiencia con el puesto?"

Un perfil perfecto para el trabajo pone todos tus puntos a tu favor y demuestra que eres el mejor candidato. Si este no es el caso, piensa en cómo tu experiencia y habilidades técnicas encajan en el puesto de antemano.

"¿Qué es lo que más te gusta del puesto?"

Debes preparar una respuesta reflexiva para este tipo de preguntas en una entrevista de trabajo y explicar cómo eres perfecto para el puesto.

"¿Estás en algún otro proceso de selección?"

Esto se puede responder con honestidad. Si estás en otro proceso de selección, no necesitas mencionar la empresa, solo el sector y el puesto al que estás postulando.

"¿Qué destacarías de ti como profesional?"

Para responder esta pregunta en una entrevista de trabajo, debes elegir las habilidades técnicas y personales que posees y que sean más relevantes para el trabajo. Si el puesto es para un jefe de departamento, puedes destacar tu habilidad de liderazgo, mientras que si es para un puesto técnico, puedes enfatizar tu atención a los detalles. No debes pasar por alto tus cualidades como persona, como la honestidad, el trabajo en equipo, la responsabilidad, el compromiso y la proactividad.

"¿Cuál es tu mayor defecto?"

Esta es una de las preguntas de entrevista más difíciles de responder. Debes elegir un defecto menor para demostrar que eres consciente de él y estás tratando de mejorarlo. Convertir un defecto en una virtud ya se ha visto ampliamente y puede sonar falso.

"¿Qué has hecho para ampliar tu experiencia?"

Ahora es el momento de demostrar tu enfoque proactivo en tu desarrollo profesional, así que menciona cualquier capacitación que hayas completado relacionada con ese objetivo. Además, puedes mencionar proyectos personales o pasatiempos que demuestren cualidades como liderazgo, habilidades organizativas, etc.

"¿Cómo trabajas en equipo?"

Es una de las preguntas más fáciles de responder en una entrevista. Incluso si estás postulando para un puesto donde trabajas solo, debes enfatizar que disfrutas trabajar con otros. Utiliza un ejemplo para ilustrar tu punto.

"¿Prefieres ser temido o apreciado?"

La pregunta se refiere a compañeros de trabajo y empleados. Respeto podría ser la palabra correcta a usar aquí. Como profesional, prefiero ser respetado. A medio plazo, el miedo no es muy motivador, por lo que podría no ser la mejor respuesta. Ser apreciado por sí mismo no es muy productivo para una empresa. Trabajar hacia objetivos y utilizar términos definidos es más importante.

"¿Qué motivación necesitas para hacer un buen trabajo?"

Estas preguntas en una entrevista de trabajo son comunes, pero evita mencionar el dinero. Haz énfasis en temas como la satisfacción personal al resolver problemas, mejorar cosas, etc.

"¿Cómo te enfrentas a la presión?"

La clave es ser positivo en tu respuesta. Puede que no consigas el trabajo si afirmas que no rindes bien o te bloqueas.

"¿Cuál es tu mayor logro profesional?"

Lo mejor es hablar de un proyecto en el que hayas participado y haya dado buenos resultados. No intentes presentarte como la "estrella" del proyecto, siempre es mejor enfatizar tu participación como parte de un equipo de trabajo.

"Cuéntame sobre una idea que hayas tenido y se haya llevado a cabo."

Si puedes proporcionar hechos reales, puedes hablar de un cambio que implementaste en tu equipo y cómo su forma de trabajar te permitió ser más productivo.

"¿Qué aspiraciones financieras tienes?"

Si quieres la mejor respuesta, debes informarte sobre los rangos salariales para ese puesto y sobre la situación actual de la empresa.

"¿Dónde te ves en cinco años?"

Una pregunta como esta en una entrevista de trabajo tiene como objetivo descubrir cómo te ves desarrollándote profesionalmente y si tienes una visión clara de hacia dónde irá tu carrera. No necesitas ser muy preciso, ya que nadie sabe lo que depara el futuro, pero podrías hablar de cómo te gustaría progresar en un campo en particular o desempeñar puestos de mayor responsabilidad. Demostrar un mínimo de ambición es el objetivo.

"¿Qué haces en tu tiempo libre?"

Usa la pregunta para demostrar cómo aplicas tus fortalezas en tu vida personal. Juegas al fútbol con tus amigos porque te encanta trabajar juntos para lograr un objetivo. Debido a que sabes cómo organizar un proyecto, has renovado la casa tú mismo.

"¿Hablas algún otro idioma?"

La mejor manera de responder bien a esta pregunta es hacerlo en el idioma o idiomas que mencionaste en tu currículum.

"¿Por qué debería contratarte a ti y no a alguien más?"

Esta se está convirtiendo en una de las preguntas más comunes en los últimos años y generalmente se hace al final de una entrevista de trabajo. Es hora de recordar que tus habilidades, experiencia o educación encajan perfectamente con la descripción del trabajo. Puedes lograr esto haciendo una pequeña lista de estos puntos favorables y comunicándosela al entrevistador. Además, recuerda no utilizar esta pregunta para descalificar a los otros candidatos que participan en el proceso de selección, ya que podría volverse en tu contra.

"Para terminar, ¿tienes alguna pregunta?"

Cuando te informes sobre la empresa, piensa en dos o tres preguntas interesantes que podrías hacer al final de la entrevista de trabajo. Si no te las han respondido antes (normalmente, el entrevistador presenta la empresa), elige una y hazla al final de la entrevista. Incluso si no te hacen esta pregunta, haz una. Mostrará tu interés en el puesto.

Temas de conversación recomendados para la oficina

Tener algunas ideas de temas para compartir tiempo de calidad con tus compañeros de trabajo siempre es una buena idea. Algunas de las mejores cosas de las que hablar son:

- Planes de fin de semana
- Deportes
- Series de televisión
- Cocina
- Pasatiempos en general
- Noticias locales
- Anécdotas familiares
- Viajes
- Fiestas, eventos sociales y conciertos
- El clima

Evita hablar sobre:

- Los cuerpos de otras personas
- Salario
- Críticas internas
- Política
- Religión
- Creencias de género
- Problemas personales

Ir al trabajo

Sentirse nervioso o ansioso es normal cuando se enfrenta a tantas cosas nuevas, como nuevos colegas, jefes, mucha información y un nuevo entorno que funciona de manera diferente al anterior. Puedes tener un excelente primer día en un nuevo trabajo si estás preparado y consideras algunas cosas simples.

Llega temprano

Es fundamental llegar a tiempo el primer día de trabajo, pero también es una buena idea llegar temprano. Si es posible, intenta llegar quince minutos antes de tu cita. Planifica y usa una aplicación de mapas para encontrar las mejores rutas desde casa hasta el trabajo.

No tendrás que estudiar opciones de ruta si tienes un trabajo remoto. Sin embargo, tendrás que levantarte temprano, ducharte, elegir un lugar adecuado (con buena iluminación y un fondo del cual no te avergüences) y conectarte puntualmente o unos segundos antes de la hora de la reunión.

Haz preguntas

Tendrás muchas preguntas en tu primer día de trabajo, ya que recibirás mucha información.

No dudes en preguntar lo que no se haya resuelto acerca de tu función y obligaciones, la empresa, los procesos o las herramientas que usarás. No es una señal de debilidad o ignorancia sino de interés.

Organízate

La organización comienza antes de salir de casa y continúa una vez que llegas al trabajo. Asegúrate de tener todo lo esencial a mano (computadora, bolígrafo, cuaderno, hojas o tableta para tomar notas, tus anteojos, una botella de agua, etc.) y prepara tu área de trabajo para que tu primer día en el trabajo sea más cómodo y agradable.

Relájate y disfruta

Es común que un trabajo genere ansiedad, especialmente en entornos que tienen una cultura de perfeccionismo y competencia, donde se enfatizan los resultados. Un grado similar o mayor de esto también puede suceder en el primer día de trabajo.

Prepárate para esa ansiedad o nervios al comenzar un nuevo trabajo durmiendo lo suficiente el día anterior (entre siete y ocho horas) y dándote tiempo para llegar al trabajo o a la videollamada. Las técnicas de relajación y respiración también pueden ayudarte a sentirte mejor si es necesario.

Tu lenguaje corporal

Tener la actitud y el lenguaje corporal adecuados te puede ayudar a presentarte como una persona abierta, agradable y confiable en tu primer día de trabajo.

Para esto, debes sentarte erguido, evitar dar la espalda, mirar a tu interlocutor y sonreír cuando sea apropiado.

Si te invitan a comer, acepta

En tu primer trabajo, los detalles son importantes y la hora de la comida no es una excepción. Quizás hayas llevado una ensalada o macarrones en un tupper o planeado comer en casa o en tu restaurante favorito.

Si tus colegas o supervisores te piden que te unas a ellos para almorzar, acompáñalos: es una excelente manera de conocer la empresa, el ambiente, las relaciones y las personas con las que convivirás en un entorno menos formal.

Aprende el lenguaje de la organización

Todos hablarán un idioma (o más, si es un entorno multilingüe), pero cada empresa también hablará su propio lenguaje. Este está lleno de expresiones coloquiales, abreviaturas, siglas, guiños y otros elementos que pueden confundir a un extraño.

No tengas miedo de preguntar sobre ellos e intenta recordarlos todos (puedes anotarlos). Esto facilitará tu comprensión de las reuniones y correos electrónicos y tu adaptación posterior.

Infórmate sobre las expectativas profesionales

Saber qué se espera de ti y tu nuevo rol te permitirá cumplir con las expectativas y, si es posible, superarlas. En el primer día, pregunta a tu supervisor sobre tus responsabilidades, toma notas y asegúrate de comprender los estándares del trabajo.

Apaga tu teléfono móvil

Apaga o silencia tu teléfono móvil hasta que lo necesites. Tu primer día de trabajo puede estar lleno de noticias, información, presentaciones y aprendizaje, y necesitarás toda la concentración que puedas reunir.

Comienza a construir tu red de contactos

Con suerte, este será solo el primero de muchos primeros días en el trabajo. Tu relación con tus colegas puede ser clave para tu adaptación, resolución de dudas, especialmente en las primeras semanas e incluso desarrollar amistades.

Di gracias

Los "novatos" necesitan ser agradecidos. Agradecer a aquellos que te ayudaron en el primer día de trabajo (y por la oportunidad de ser miembro del equipo y la empresa) demuestra educación y respeto. Esto también demostrará tu positividad y disposición para contribuir a la empresa.

Ropa

Para empezar, no hay una regla fija para lo que constituye una apariencia profesional, ya que el entorno laboral determina el código de estilo. Debes considerar la imagen de la empresa, el tamaño, la edad promedio de tus colegas y el rol que desempeñas. El estilo de los entrevistadores que viste durante el proceso de selección puede ser útil como guía.

Casual

Puedes vestirte de manera casual si trabajas en un entorno informal sin contacto directo con clientes. A veces, incluso las empresas con códigos de vestimenta formales ofrecen viernes casuales para que puedas estar cómodo y deportivo. Sin embargo, una apariencia de oficina casual no significa desaliñado o parecer que no te importa el trabajo. Mantente alejado de vestidos resbaladizos, pantalones cortos y tops con tirantes de espagueti. Puedes usar zapatillas con jeans en este estilo. Pero no jeans rotos.

Smart Casual

Este look es popular en empresas jóvenes con empleados jóvenes y una actitud profesional. La base de este estilo son los blazers y las camisas sin corbatas, las blusas de colores pastel y los pantalones palazzo o cigarette, y los vestidos a la altura de la rodilla. Los looks deportivos y los elementos más elegantes se combinan en el código de vestimenta casual elegante. En general, es un atuendo profesional pero cómodo que te hará parecer amigable sin perder credibilidad.

Negocios informales

Como está, este código de vestimenta tiene un aspecto de oficina formal. Además del profesionalismo, la comodidad y los accesorios también juegan un papel. Es el look ideal para empresas estructuradas, especialmente para reuniones o almuerzos con clientes. Un traje es apropiado para los hombres, pero las mujeres pueden elegir faldas suaves o de corte recto o pantalones en la versión sin corbata. Los tonos pastel y los colores suaves son perfectos.

Negocios

Esta es la parte más importante de cualquier guardarropa de oficina. Incluso si no eres parte de una gran corporación, considéralo la mejor opción para conferencias, reuniones y presentaciones. Chaqueta y corbata para él, azul, gris o beige, traje de chaqueta y pantalón o chaqueta para ella. Zapatos cerrados, tacones, pero no más de 10 cm.

Cómo obtener un ascenso

Un ascenso en la carrera es uno de los objetivos más importantes para un profesional. Representa una mejora en tu carrera y ofrece la oportunidad de seguir avanzando. Como resultado, es un reconocimiento a tu compromiso.

Los ascensos son un excelente indicador de crecimiento profesional. La promoción también es altamente motivadora para cualquier empleado, ya que representa el avance profesional y beneficia la calidad de vida, pero solo si ese es uno de tus objetivos de vida. La promoción significa reconocimiento de servicio, lealtad y profesionalismo. También es prueba de que eres valorado por la empresa para la que trabajas. Además, representa el desafío de crecer a nivel personal y profesional para cumplir con las responsabilidades de tu nuevo cargo. Necesitas saber dónde estás en tu carrera y comprender qué te falta para llegar al siguiente nivel.

Los ascensos permiten que la empresa llene puestos específicos con profesionales familiarizados con ellos. Ascenderte, un profesional con experiencia y conocimiento de la empresa, sus políticas y cultura, elimina automáticamente la necesidad de seleccionar y capacitar a nuevos empleados.

Puedes ser ascendido sin cambiar tu posición en el organigrama. Cambiar tu rol y responsabilidades es parte de un ascenso de nivel laboral; sin embargo, esto no implica mudarse de oficina o cambiar de trabajo. En su lugar, es un ajuste a tu descripción del trabajo. A veces, necesitarás buscar asesoramiento interno para completar este proceso. Puedes averiguar qué promociones están disponibles poniéndote en contacto con Recursos Humanos. Recuerda que las promociones no siempre tienen que ver con cambiar de posición.

¿Qué tipos de promociones hay?

Puede tratarse de rotaciones laborales, transferencias o promociones. Todos estos significan cosas diferentes, y solemos confundirnos entre estos diferentes tipos de movimientos. Una rotación laboral puede implicar un cambio en tu descripción del trabajo sin nuevos beneficios, mientras que las transferencias pueden incluir experimentar un cambio de sede o departamento. Sin embargo, continuarás realizando las mismas tareas dondequiera que te asignen.

En cuanto a las promociones, hay dos tipos principales a los que puedes aspirar. Puedes obtener una promoción por antigüedad. Esto significa que las promociones se basan en los años de servicio. También puedes obtener una promoción por mérito. Esto significa que pueden ser más rápidas de obtener y dependerán de tu desempeño.

¿Cómo consigo un ascenso en el trabajo?

Cada empresa tiene sus propias promociones, pero hay algunos factores comunes que te hacen un buen candidato. Por lo general, comienza con una necesidad. Algunas funciones no están cubiertas, por lo que se abre una brecha. Los cambios internos y los proyectos futuros también conducen a estas brechas.

Aunque diferentes escenarios pueden generar la posibilidad de ascenso, los expertos en el campo del talento humano coinciden en que las siguientes cualidades definen a un candidato exitoso para la promoción:

- Productividad: Ser capaz de llevar a cabo y promover los proyectos de la empresa es clave. Los empleados con visión, orientados a objetivos y que llevan planes al siguiente nivel, son los candidatos adecuados.
- Liderazgo: Ser líder significa no tener miedo de crear y ejecutar ideas de manera independiente.
- Disponibilidad: Las promociones implican mayores responsabilidades y tareas. Para lograr esto, debes ser un empleado con tiempo suficiente para enfrentar los desafíos.
- Productividad: Uno de los puntos clave. Mientras representes beneficios y crecimiento para la empresa, serás elegible para una promoción laboral.

Puedes facilitar el obtener un ascenso si consideras algunos factores.

· Destacar: La mejor manera de hacerte elegible para responsabilidades adicionales es realizar muy bien las que tienes ahora. Demostrarás que eres capaz y estás listo para el siguiente paso.

· Asegurarte de estar calificado: El paso más importante es prepararte para el puesto deseado. Dedica tiempo a estudiar la posición y las nuevas áreas. Toma cursos, aprende un idioma y mejora tus habilidades profesionales.

· Hablar con tu superior: Discutir tu interés en un ascenso es una excelente manera de ser considerado. Haz que tus superiores estén conscientes de tu deseo de tener más responsabilidades.

· Observar: Esta tarea es simple pero crucial. Puedes convertirte en la solución si reconoces las necesidades del negocio.

· Conocer los métodos para ser reconocido y señalado para ascenso: Para ascender, debes saber qué hacer. Aprende cómo se ve el perfil de un candidato a ascenso.

· Averiguar si quieres la promoción: Asegúrate de querer esas responsabilidades. Comprende lo que implica la promoción antes de solicitarla.

· Darte a conocer: La popularidad es clave porque este comportamiento agradable y amistoso da espacio para el liderazgo.

· Tener un plan: Necesitas elaborar un plan de acción. Avanzar y saber qué pasos debes dar es fundamental.

Cuando se trata de ascensos laborales, no hay atajos. El logro profesional resulta de tu tiempo y disposición y, lo más importante, de tu preparación. Tienes que estar completamente capacitado y dedicado a ello. Como resultado, no descartes la posibilidad de capacitarte, adquirir experiencia y crecer profesionalmente.

Trabajar desde casa

Hay muchos beneficios de trabajar desde casa, pero es un estilo de vida que requiere autodisciplina si quieres mantenerlo en el futuro. Incluso si estás pegado a la computadora todo el día, puedes engañarte pensando que algo es trabajo cuando no lo es. ¡Distraerte con las redes sociales no es trabajar! Siguiendo estos pasos, puedes crear un ambiente físico y mental útil para ser productivo.

Establecer una rutina (o varias)

Para que tu cuerpo y cerebro sepan cuándo trabajar y descansar, debes mantener cierta regularidad en tu rutina diaria. Programa tu día de acuerdo a tus necesidades individuales e incluye tiempo de trabajo, descanso, ocio y ejercicio. Experimenta con diferentes opciones para encontrar una rutina y horario que funcione para ti.

Planifica tu agenda diaria

Elegir qué hacer es la parte más difícil. Debes saber qué harás cada día. Si es posible, dedica cinco minutos antes de irte a dormir para escribir lo que harás al día siguiente. Saber qué harás al día siguiente antes de acostarte te ayudará a dormir mejor y despertar con ideas claras.

El proceso de planificación de cada día se basa, por supuesto, en tu revisión semanal de tus proyectos y tareas. Necesitarás tener una visión más amplia de tus objetivos y responsabilidades cada pocos meses.

Trabaja primero en tus TMIs

Debes identificar las Tareas Más Importantes (TMIs) al definir tu plan de acción diario, es decir, aquellas tareas que debes completar lo más pronto posible, ya que te acercarán a la finalización de proyectos y al logro de metas.

Evita distracciones

Todos los días, debes reservar unos momentos para manejar correos electrónicos, llamadas telefónicas, acceder a redes sociales, leer blogs, etc. Luego apágalos y desactiva tus notificaciones para evitar distracciones mientras trabajas. Puedes ir un paso más allá y eliminar las aplicaciones de tu teléfono también. Existen algunos programas de software que puedes instalar en tu computadora que también rastrearán el tiempo que pasas en sitios web.

Recuerda por qué haces lo que haces

Con el tiempo, es probable que pierdas la perspectiva y la motivación para seguir trabajando duro. Motivarte a ti mismo es vital. Puedes usar notas adhesivas, carteles y recordatorios para ayudarte a recordar tus valores y objetivos en el trabajo. Mantén un sistema visual que te recuerde diariamente por qué haces lo que haces, dónde estás y a dónde quieres llegar.

Ubica lugares de trabajo alternativos

Como probablemente ya sepas, trabajar en casa todos los días es agotador. Incluso si tu lugar de trabajo es cómodo, estar sentado en el mismo lugar todo el día puede resultar cansado, especialmente si no interactúas con otros. Si vas a un café, busca uno con WiFi, buen café, personas amigables y poco ruido. Puedes hablar con alguien sobre cualquier cosa y realizar tareas que no requieran tanta concentración allí; lo encontrarás refrescante.

Prepara un espacio de trabajo cómodo

Debes reservar un área donde trabajes exclusivamente y no usar otras partes de la casa para trabajar, como la cama o el sofá frente al televisor. Crea límites claros entre el trabajo y la vida personal.

Mantén una superficie de trabajo limpia y ordenada donde puedas trabajar fácilmente. Asegúrate de que tu espacio de trabajo sea agradable. Pasarás muchas horas allí, así que asegúrate de tener una silla cómoda que te permita mantener una buena postura.

Asegúrate de que la habitación esté bien aclimatada. No lo dudes; el calor o frío excesivo harán que tu jornada laboral sea miserable. La iluminación también es fundamental. Considera trabajar en un lugar con buena luz natural, evita reflejos en la pantalla de la computadora y utiliza una lámpara de luz blanca fría (no generará calor) si trabajas de noche.

Tener una cultura de bienestar en el lugar de trabajo (en nuestras oficinas en casa o en oficinas regulares) nos permitirá integrar la salud en nuestra rutina diaria. Tener una mente clara, prevenir enfermedades, generar mejores ideas, ser más eficientes y enfrentar situaciones laborales de manera más efectiva son algunos de los cambios que veremos.

Conceptos básicos del home office

Los diez elementos esenciales que tu "home office" debería tener.

Computadora

Una laptop es una buena idea si tu trabajo requiere que viajes con frecuencia. Sin embargo, obtener una computadora de escritorio podría tener más sentido si no necesitas moverte. Las computadoras de escritorio pueden ser construidas para ser más rápidas y potentes que las laptops.

Conexión a Internet

Necesitas estar conectado a internet. Para un mejor rendimiento, se recomienda una conexión de banda ancha. La señal debe ser estable y fuerte, para que puedas realizar tu trabajo sin dificultades. Asegúrate de contratar a un proveedor de servicios de buena reputación.

Periféricos

La lista incluye: un monitor, teclado, mouse, impresora, escáner, cámara web y auriculares. Un monitor panorámico es extremadamente importante (incluso puedes tener dos monitores, dependiendo de tu trabajo).

Teléfono / Smartphone

Encontrarás muy útil tener siempre tu teléfono inteligente y línea fija cuando trabajes desde casa. A menudo pasado por alto, este no es un detalle menor. Ten en cuenta que complementan las herramientas VoIP.

Mobiliario

Necesitarás un escritorio, una silla e incluso un gabinete o estantería para archivar documentos, libros u otros objetos. Deben ser funcionales y adaptables a tus necesidades. Es importante tener un escritorio y una silla ergonómicos para mantener una buena postura durante las horas de trabajo. Además, el diseño moderno ha llevado a muebles que parecen "muebles domésticos" que son muy cómodos, útiles y funcionales. Si buscas cuidadosamente, puedes diseñar una casa que parezca una oficina cálida y acogedora mientras es funcional para que trabajes a tu propio ritmo.

Buena iluminación

La iluminación en tu oficina debe ser perfecta, si es posible, natural. Puedes prevenir dolores de cabeza, fatiga visual e incluso mala postura debido a no poder ver claramente la pantalla.

Memos / Blocs de notas

Independientemente de tu especialidad, los memos y cuadernos son útiles para armar listas o esquemas, descargar ideas y más. Hay diversos materiales y diseños disponibles para todos los gustos y son esenciales para una oficina en casa.

Software

Aplicaciones de mensajería instantánea, correo electrónico, voz sobre IP y programas de respaldo automático también son útiles. Además, puedes utilizar recursos en línea para editar documentos, compartir archivos, administrar proyectos y realizar miles de otras cosas.

Material de oficina

Los suministros incluyen clips, grapadoras, resaltadores, carpetas, archivos, tijeras y sobres. Crea una lista de todo lo que necesitas a diario y qué más podrías necesitar. Tener a mano material de oficina básico es una excelente idea.

Tu toque personal

Necesitas hacer de tu oficina en casa "tu verdadera oficina en casa". Coloca una foto de dónde te gustaría ir de vacaciones, un reloj de escritorio, un mini póster de tu muñeca favorita, etc. Debería reflejar tu estilo. ¿Lo has pensado?

Parte 4: Emprendimiento y dinero

Manejo del dinero

La estabilidad financiera es muy importante a medida que nos desarrollamos en la vida adulta. Esto es cierto si eres estudiante, empleado o deseas convertirte en emprendedor. En una economía tan impredecible como la de hoy, saber cómo administrar el dinero que tenemos en este momento es de suma importancia. Aunque sabemos que no es fácil planificar los gastos y ahorrar lo suficiente para construir riqueza, especialmente para aquellos que quieren comenzar su propio negocio.

El dinero en nuestra vida cotidiana asume diferentes formas: créditos, impuestos, deudas, inversiones y activos. Pero antes de adentrarnos en las diferentes áreas de tu mundo financiero, repasemos algunas cosas básicas a tener en cuenta al administrar el dinero.

The basics of managing money

Conceptos básicos de administración del dinero

Escribe tus gastos fijos

Llevar un registro de los gastos fijos es esencial para determinar cuánto ingreso queda para invertir, ahorrar o destinar al descanso y ocio cada mes. También debes estar al tanto de los gastos fijos de tu negocio, como el alquiler y los costos de producción.

Aparta al menos el 10% de tus ingresos

Asegúrate de reservar al menos el 10% de tus ingresos para invertir antes de pagar los gastos fijos. No se trata solo de ahorrar dinero hasta que puedas gastarlo en algo extra. También se trata de aplicar esos ahorros para que generen intereses y se conviertan en un activo importante en el futuro.

Paga tus deudas lo antes posible

Tan pronto como hayas recibido un préstamo a tu nombre, es posible que desees considerar pagar más cuotas simultáneamente para reducir la duración del contrato y, por supuesto, los intereses. Si tienes varios préstamos o deudas de tarjetas de crédito, paga primero el préstamo con la tasa de interés más alta.

Aprende a invertir

Cualquier cosa que no sea un gasto fijo es un gasto variable. En otras palabras, un gasto puede, en principio, posponerse. Sin embargo, en la práctica, las personas no quieren dejar de darse pequeños placeres, como salir con amigos, ir de viaje o comprar un regalo que no es indispensable.

Lo mejor que puedes hacer en estos casos es establecer un límite. Asegúrate de reservar una pequeña cantidad de dinero para tus actividades de ocio.

Utiliza herramientas de gestión financiera

Hay varios programas y aplicaciones de gestión financiera disponibles si no te sientes cómodo trabajando con hojas de cálculo y necesitas una forma más sencilla de controlar tus gastos.

Estas herramientas pueden permitirte subir recibos de pagos con tarjeta de crédito, rastrear transacciones bancarias e incluso insertar recordatorios de pago de facturas. Como resultado, tienes el control de todo lo que entra y sale de tu cuenta. Las tarifas e intereses tardíos ya no te sorprenderán. Prueba algunas aplicaciones populares en la tienda de aplicaciones.

Busca fuentes alternativas de ingresos

Hoy en día, puedes ganar dinero haciendo muchas cosas diferentes desde la comodidad de tu hogar. La mayoría de estas fuentes alternativas de ingresos solo requieren una computadora, internet y algo de tiempo. Desde trabajos independientes hasta emprendimientos, hay muchas opciones para las personas que quieren generar ingresos pasivos o agregar ingresos adicionales a su salario mensual.

Define un presupuesto promedio

Para evitar sorpresas desagradables, toma un promedio de tus ingresos de los últimos meses e identifica los períodos en los que ganas más o menos, así como el impacto de la estacionalidad en tus ventas, como períodos de vacaciones, temporada alta y temporada baja.

Debes poder pagar tus gastos fijos con tus ingresos mínimos. En los meses de facturación alta, cuando ganas más que el promedio anual, invierte o ahorra tu excedente para estar preparado para los meses de facturación baja.

Compra de manera inteligente

Anteriormente, se explicó que cómo gastas tu dinero afecta tu bienestar económico. Puedes mejorar tu realidad financiera uniéndote a programas de recompensas, comparando precios en internet y comprando productos de segunda mano.

Crea un fondo de emergencia

Muchas personas gastan la mayor parte de sus ingresos, por lo que su situación financiera es frágil cuando ocurre una emergencia. Además de tu reserva del 10% de ingresos para invertir, es importante reservar un porcentaje adicional en caso de emergencias.

Hay una diferencia entre este fondo y el anterior, ya que el dinero en este fondo debe ser líquido y fácil de mover. Por otro lado, las inversiones no tienen estas características, por lo que es importante distinguir el fondo de inversión del fondo de emergencia.

La cantidad de este fondo suele ser menor que el fondo de inversión, pero también debes considerarlo, ya que puede ayudarte a asegurarte de estar preparado para cualquier cosa. En términos de manejo del dinero, ahorrar y controlar el dinero es solo una parte. La otra es volverse más eficiente generándolo.

Al final, invertir más significa ganar más, lo que significa más dinero para comprar algo importante o mejorar tu negocio.

Inversión

El miedo suele ser uno de los denominadores comunes que tienen muchos ahorradores al decidir hacer crecer su dinero. El temor a perder lo que se ha ganado siempre está presente. Por esta razón, es difícil invertir por primera vez. Las inversiones deben realizarse después de mucho pensamiento e investigación. Sin embargo, hay algunos consejos a tener en cuenta al invertir por primera vez.

Establecer una cantidad para invertir inicialmente

Lo primero que debe hacerse es determinar qué activos tienes disponibles para la inversión. Para lograr este objetivo, los expertos siempre recomiendan dedicar al mundo de la inversión los ingresos que no necesitas para vivir (que no van a tu fondo de emergencia).

Establecer objetivos de inversión

Una vez que consideres tu perfil de riesgo y el dinero que deseas invertir, puedes establecer metas de inversión. ¿A dónde quieres llegar? ¿Cuáles son los objetivos que te has propuesto? Por lo general, estos objetivos de inversión suelen tener mucho que ver con los ahorros que queremos generar para la jubilación, con el objetivo de mantener nuestro poder adquisitivo.

La importancia de la diversificación

Independientemente de tu perfil como inversionista, siempre es importante diversificar entre los activos en los que invertir. Se conoce como "no poner todos los huevos en la misma canasta, sino en diferentes". De esta manera, se evita la posibilidad de que el mal comportamiento de un activo específico afecte el rendimiento de tu cartera.

Activos vs. pasivos

En el lenguaje financiero, hay muchos términos especializados que, para el público en general menos familiarizado con tales asuntos, pueden presentar serios desafíos al tratar de comprender los conceptos a los que se refieren. Un buen ejemplo es lo mal que solemos entender la diferencia entre "activos" y "pasivos". Un activo puede considerarse de manera muy elemental como un producto o bien que genera ingresos para su propietario. Por otro lado, un pasivo es cualquier cosa que nos cause gasto.

Tener acciones de una empresa que generen dividendos es un buen ejemplo de un activo, ya que las acciones generan ingresos, a menudo a través de dividendos trimestrales, semestrales o anuales.

También acumula posibles revalorizaciones en el precio de las acciones.

Uno de los pasivos más conocidos es comprar un automóvil. Casi todos compran un automóvil al menos una vez en su vida. Y, por supuesto, hay un dicho que dice: "Pierdes dinero en el momento en que sales del concesionario". Esta es una verdad genuina, ya que los gastos que produce y su depreciación aumentan con la edad.

Sin embargo, en el mundo de los mercados financieros y las inversiones, nada es blanco o negro. Las circunstancias futuras del mercado determinan si tomaste o no la decisión correcta. Por eso es importante recordar que si la inversión que vas a realizar "te quita el sueño", no lo hagas. Y siempre busca asesoría profesional antes de invertir.

Emprendimiento

El emprendimiento y comenzar tu propio negocio es muy diferente a gestionar o trabajar para una empresa. Como emprendedor, tu objetivo es tomar la iniciativa y tomar una decisión para llevar a cabo una empresa que te permita ingresar al mercado, ya sea fabricando un producto o brindando un servicio.

La mejor manera que he visto para que los emprendedores tengan éxito es seguir el mercado. Investiga qué es lo que la gente ya está comprando y crea una versión mejorada de ello. Y hay una forma muy accesible de descubrir esto. Se llama internet. Muchos de nosotros ahora trabajamos en línea, además de nuestros trabajos tradicionales, porque la web ha cambiado la naturaleza del trabajo. A través de los negocios en línea, hay un número ilimitado de formas de generar ingresos, ya sean pasivos o activos.

Los ingresos pasivos difieren de los ingresos activos principalmente en si necesitas o no estar involucrado cuando se generan los ingresos. Por ejemplo, escribí este libro una vez. Pero se ha vendido muchas veces.

Una vez que creas el activo, no tienes que hacer mucho más para generar ingresos a partir de él. Tu dinero aumenta de manera pasiva. Sin embargo, si eres un diseñador web independiente, entonces necesitas encender tu computadora y crear nuevos sitios web todos los días para recibir un pago.

Negocios en línea secundarios

Puedes generar ingresos pasivos en línea de muchas maneras. Al crear algo (un blog, un libro electrónico, un curso en línea, camisetas impresas bajo demanda, servicio de suscripción, aplicaciones móviles, una línea de ropa o una tienda en línea), puedes generar ingresos pasivos incluso cuando no estás trabajando.

Crear un curso en línea

Vender cursos en línea es una de las mejores formas de ganar ingresos pasivos. Hay varias plataformas de alojamiento de cursos que alojarán todos tus videos, pagos y gestión de estudiantes por una tarifa muy pequeña. Tus responsabilidades principales son crear un curso en línea que interese a las personas y que estarían dispuestas a comprar, y en segundo lugar, dar a conocer la existencia del curso compartiendo consejos y videos divertidos al respecto en redes sociales, que pueden ser desde Facebook e Instagram hasta TikTok y Youtube. Los precios de los cursos en línea pueden variar desde $1 hasta $2000 o más. Si agregas coaching a tus cursos, puedes cobrar hasta $25,000 por persona al año, dependiendo de tu nicho y experiencia.

Vender productos físicos en línea

Muchos nómadas digitales son emprendedores que viajan por el mundo y ganan dinero con su computadora portátil. Suena un poco loco, pero funciona, ya que yo también lo he hecho. Uno de los tipos de negocios más populares para nómadas es el comercio electrónico. Eso significa vender productos físicos (¡que nunca ves ni tocas!) en línea, generalmente a través de sitios web como Amazon o Shopify. Si eliges los productos adecuados, esto puede ser muy lucrativo. También puedes hacer dropshipping. La idea es que alguien compra un producto en tu sitio web y tú ordenas que el producto sea enviado directamente desde el productor al cliente. Eres una especie de intermediario en línea. Si alguna de estas opciones te parece interesante, te sugiero que veas algunos de los muchos videos en Youtube sobre este tema.

Conviértete en freelancer

Hoy en día, muchos negocios en línea contratan personas de todo el mundo para trabajar desde casa y ayudarles a hacer crecer sus empresas. ¿Eres bueno en TikTok? Genial. Ofrece ayudar a las empresas locales a aumentar su número de seguidores y ventas en TikTok. ¿Eres bueno escribiendo textos publicitarios? Puedes ser contratado como redactor de correos electrónicos o páginas de ventas. ¿Te encanta la edición de video? Consigue un trabajo como freelancer editando videos para cumbres virtuales, promociones o transformando videos de YouTube en reels y TikToks.

¿Amas las redes sociales?

Perfecto. Desarrolla tu perfil en la plataforma de tu elección y podrías convertirte en un influencer, con marcas que te pagan por compartir sus productos en línea. Encontrarás toneladas de ejemplos de esto en todas las plataformas de redes sociales.

Vende las cosas que ya no necesitas

¿Por qué no aprovechar los consejos de Marie Kondo para generar ingresos pasivos? Deshazte de los artículos que ya no te sirven y véndelos para generar más ingresos. Te sorprendería cuántas personas están dispuestas a comprar libros de segunda mano, ropa y utensilios de cocina. Esta es una forma divertida de ordenar tu casa y generar ingresos adicionales.

Cobra por publicaciones patrocinadas en redes sociales

Cada vez más empresas pagan a cuentas de redes sociales para promocionar sus productos y servicios a través del marketing de influencers. Ya sea que estés interesado en viajes, moda, belleza, decoración del hogar o cortes de pelo extravagantes para perros, hay un nicho para ti.

Como las plataformas más conocidas te permiten crear páginas de fans para casi cualquier cosa, las publicaciones patrocinadas en redes sociales son una excelente manera de ganar dinero.

No necesitas comenzar a vender algo; construir una audiencia es más importante. Las empresas te ofrecerán sus productos para que los promociones o hables bien de ellos (a cambio de una comisión o un pago único). Además, no olvides usar hashtags para ganar más exposición y llegar a una audiencia más amplia.

Crea tu propio blog

Puedes obtener ingresos pasivos en línea creando tu blog. A través de enlaces de afiliados, publicidad, cursos, publicaciones patrocinadas, productos, acuerdos de libros y más, los blogs han permitido a innumerables blogueros y emprendedores obtener ingresos pasivos.

Es cierto que lleva tiempo construir un blog exitoso. Sin embargo, dado que es una excelente manera de obtener ingresos pasivos, puede valer la pena el esfuerzo.

Únete al marketing de afiliación

Es bueno saber que casi todas las grandes marcas tienen un programa de afiliados. Por ejemplo, algunos programas de afiliados de marcas pagan hasta $2,000 por referencia. Otros minoristas en línea, sin embargo, ofrecen bonificaciones por referencia de solo el 10%. Por lo tanto, debes investigar los mejores programas de afiliados antes de comenzar tu carrera. Puedes generar comisiones de afiliados a través de blogs sin gastar dinero en anuncios.

Crea una tienda de impresión bajo demanda

Aprovechar el auge del comercio electrónico de hoy en día puede ser una excelente manera de obtener ingresos pasivos si eres un diseñador talentoso. Puedes vender gráficos personalizados en productos como ropa, tazas, pancartas, fundas para teléfonos, bolsos y más con la impresión bajo demanda. Lo bueno de esto es que puedes crear tus productos y construir una marca. Amazon tiene un programa de camisetas bajo demanda llamado Merch by Amazon. También hay otros sitios web como Teespring y Printful.

Escribe un libro electrónico

El libro electrónico ha sido un medio de contenido popular desde que se volvió muy popular en 2010. Si eres un escritor natural, puedes obtener ingresos pasivos escribiendo un libro electrónico.

Crea una aplicación

Sin duda, esta es una de las ideas más originales sobre cómo generar ingresos pasivos. Puedes crear aplicaciones que generen ingresos pasivos en línea como programador o desarrollador. Puedes generar activos cobrando una tarifa a las personas que compren tu aplicación o hacer que tu aplicación sea gratuita y monetizar tu trabajo pasivo con anuncios. La buena noticia es que tampoco necesitas ser programador. Puedes subcontratar el trabajo de programación en el extranjero en una plataforma como Upwork.

Crea videos de YouTube

YouTube es una excelente manera de generar ingresos pasivos en línea. Puedes ganar bastante con YouTube, desde videos patrocinados hasta anuncios publicitarios. La clave para crear un canal de YouTube exitoso es crear contenido de manera constante durante unos meses. Con el tiempo, verás que todos tus esfuerzos valen la pena y realmente disfrutarás de los ingresos pasivos.

Los ingresos pasivos ofrecen un gran número de beneficios sobre los costos. Y lo más importante es que no es necesario renunciar a tu trabajo para ganar ingresos adicionales si disfrutas de lo que haces.

Ya sea que quieras comenzar escribiendo un libro electrónico, invirtiendo en acciones o creando contenido para vender bajo demanda, considera cuánto tiempo puedes dedicar a ganar ingresos pasivos. Después de eso, lo único que queda por hacer es comenzar.

Pagar impuestos

Los impuestos son algo con lo que te encontrarás a medida que te conviertas en adulto y comiences a ganar tu propio dinero. Hacer tus impuestos puede ser un poco desalentador para alguien sin experiencia previa.

¿Qué son los impuestos y por qué los necesitamos?

Cada país tiene servicios públicos como educación pública, servicios postales, aplicación de la ley, atención médica e inversiones en innovación y tecnología. Las personas e instituciones que brindan estos servicios públicos deben, por supuesto, ser pagadas. Los ciudadanos pagan por esos servicios indirectamente a través de impuestos. En los EE. UU., estos servicios públicos se ofrecen a nivel estatal y federal. Los ciudadanos son gravados tanto a nivel estatal como federal.

Impuestos en EE. UU.

En términos más simples, la mayoría de los impuestos se pueden dividir en tres categorías: impuestos sobre tus ingresos, compras y activos. Necesitas saber cómo funcionan los impuestos y cómo se calculan para entenderlos. También debes determinar tus ingresos gravables, distinguiendo entre deducciones fiscales y créditos fiscales. Comprender cómo funcionan los impuestos para las empresas e inversores de manera diferente a como lo hacen para los contribuyentes cotidianos es esencial. Como resultado de incorporar estos conceptos, te será más fácil entender cómo presentar una declaración de impuestos y cómo elaborar un plan fiscal que funcione para ti.

Impuestos sobre lo que ganas

El sistema tributario de Estados Unidos está configurado de tal manera que todos paguen su parte justa de impuestos. En otras palabras, en función de tus ingresos y la cantidad que recibes, debes pagar impuestos sobre un cierto porcentaje. Eso no se puede hacer teniendo una tasa de impuestos igual para todos; eso no sería justo. Por ejemplo, si alguien gana $200,000 al año y paga el 30% en impuestos, aún tendría $140,000 restantes, suficiente para disfrutar de un buen estilo de vida. Por otro lado, si alguien gana $40,000 y luego tiene que pagar el 30% en impuestos, entonces solo le quedan $28,000, lo cual apenas es suficiente para llegar a fin de mes.

Como resultado, en lugar de tener una tasa de impuestos plana en Estados Unidos que se aplique a todos, tenemos lo que se conoce como un sistema de impuestos progresivo, en el cual pagas tasas de impuestos más altas a medida que aumentan tus ingresos. Esto hace que el sistema sea un poco más equitativo ya que brinda a las personas con ingresos más bajos una ventaja fiscal para recuperarse. Las tasas de impuestos se resumen en tramos de impuestos.

En 2022, como contribuyente soltero, pagarás una tasa de impuestos del 10% en tus primeros $10,275 de ingresos gravables, luego del 12% en tus siguientes $10,276 a $41,775 de ingresos gravables y así sucesivamente. Y recuerda, se te grava de manera progresiva. Entonces, por ejemplo, si ganas $100,000, aunque eso te coloca en el tramo del 24% de impuestos, no pagarías una tasa impositiva plana del 24%. En cambio, solo se te gravaría el 24% en los ingresos que obtuviste entre $89,076 y $100,000, lo que en este caso significa que solo $10,924 serían gravados con la tasa de impuestos del 24%, y el resto estaría gravado a las otras tasas de impuestos. Estos números suelen cambiar cada año, así que asegúrate de verificar los últimos números en línea.

· **Calcular impuestos sobre lo que ganas.**

La cantidad de impuestos que debes se determina por tus ingresos gravables, que es diferente a lo que ganas en total. Puedes calcular tus ingresos gravables restando tus deducciones fiscales. Por defecto, a todos los contribuyentes estadounidenses se les otorga una deducción estándar. La cantidad de tu deducción estándar depende de tu estado civil al declarar, ya sea soltero, casado en declaración conjunta, casado en declaración separada o jefe de hogar. Los números también cambian cada año, así que verifica las cifras actuales en tu área.

Puedes calcular tus impuestos tomando tus ingresos totales menos todas tus deducciones calificadas para determinar tus ingresos gravables. Una vez hecho esto, tendrás un impuesto adeudado tentativo, ya que también se deben tener en cuenta los créditos fiscales antes de decidir tu impuesto adeudado final.

· Deducciones fiscales vs. créditos fiscales

Entender las diferencias entre ambos es importante. En el ejemplo anterior, se demostró cómo las deducciones fiscales ayudan a reducir los ingresos gravables. Los créditos fiscales, sin embargo, se aplican a tu responsabilidad fiscal. Por ejemplo, si ganaste $100,000 en ingresos y luego dedujiste $25,000 de eso, tienes un ingreso gravable de $75,000 y podrías deber $10,000 en impuestos. En ese caso, si tenían un crédito fiscal de $3,000, se aplicaría a su responsabilidad fiscal y solo pagarían $7,000 en impuestos después de aplicar el crédito.

Por lo general, los créditos fiscales proporcionan un beneficio más sólido que las deducciones fiscales, pero no debes buscar tantas deducciones o créditos como sea posible; más bien, debes saber qué está disponible y qué es útil para tu situación en particular.

· El papel del emprendimiento y el sector inmobiliario

Si bien los impuestos son una forma de pagar los servicios gubernamentales interna y externamente, parece que los ciudadanos simplemente pagando impuestos y los gobiernos proporcionando servicios no son suficientes para construir y mantener una economía próspera. Ciertos beneficios fiscales solo están disponibles para ciertas personas, como incentivos fiscales para inversores y dueños de negocios. Este tipo de economía tiene muchos empleos de calidad disponibles para que las personas puedan ganarse la vida. Además, una economía próspera es aquella en la que las personas tienen lugares de vida de calidad y asequibles. Dos tipos de personas son esenciales para proporcionar estas cosas: emprendedores e inversores inmobiliarios.

El gobierno otorga exenciones fiscales a los emprendedores e inversores inmobiliarios para fomentar la creación de empleo y la vivienda. Estas exenciones fiscales cubren gastos de viaje, gastos de entretenimiento, gastos de ropa, gastos de vehículos, créditos fiscales para empleo, etc.

Hay dos tipos de ganancias para fines fiscales, las ganancias obtenidas y las no obtenidas. Las ganancias obtenidas son el dinero que recibes al trabajar activamente. Los salarios, sueldos, propinas, ingresos por trabajo por cuenta propia, etc., son ejemplos de ingresos obtenidos. En contraste, el ingreso no obtenido es algo que recibes sin trabajar activamente. Por ejemplo, ingresos por bienes raíces, ingresos por intereses, dividendos de acciones o cualquier otro dividendo serían ejemplos de esto.

La persona promedio paga más impuestos sobre los ingresos obtenidos, especialmente los ingresos W-2, ya que estos están sujetos a impuestos sobre la nómina, que incluyen pagos de Medicare y Seguro Social, pero generalmente el empleador cubre la mitad. Sin embargo, si eres autónomo, eres responsable de todos los impuestos sobre la nómina, también conocidos como impuestos de trabajo por cuenta propia. Debido a esto, el ingreso no obtenido suele ser el mejor tipo de ingreso para fines fiscales porque no tienes que pagar impuestos sobre la nómina ni impuestos sobre la renta en ciertos tipos de ingresos no obtenidos, como la venta de activos o dividendos calificados.

Lleva mucho tiempo y esfuerzo llegar a la etapa de la vida en la que puedes hacer inversiones que se conviertan en ingresos no obtenidos, pero cuanto antes comiences, mejor.

· Cómo construir un plan de impuestos sobre la renta.

Una estrategia de planificación fiscal implica evaluar de manera proactiva cómo optimizar tus impuestos para obtener el resultado deseado, que podría ser reducir tu responsabilidad fiscal general, invertir agresivamente en tu negocio o planificar y ahorrar para la jubilación. Para hacerlo con éxito, sigue estos pasos.

1. Entiende tu tramo impositivo

Los planes fiscales probablemente no sean necesarios si no ganas mucho dinero o no pagas muchos impuestos. Si lo haces, debes entender dónde te encuentras y cómo puedes ahorrar impuestos al cambiar de tramos impositivos.

2. Entiende las deducciones fiscales y los créditos fiscales

Para alcanzar tus objetivos generales, incluso puedes utilizar calculadoras en línea para determinar qué deducciones y créditos fiscales calificas.

3. Elige tu estrategia fiscal

Puedes hacer muchas cosas para maximizar tu situación fiscal. Algunos ejemplos incluyen maximizar las deducciones, optimizar la estructura de tu entidad legal, planificar la jubilación y utilizar estrategias de seguros. Otras estrategias avanzadas de planificación fiscal, como invertir en bienes raíces o petróleo y gas, también pueden adaptarse a tu situación. Es importante apegarse a una estrategia sólida, especialmente si tienes poco ingreso gravable.

4. Implementa tu plan

Una vez que hayas seleccionado las estrategias fiscales que mejor se ajusten a tus objetivos, debes implementar tu plan. Esto significa que es posible que debas establecer diferentes cuentas de ahorro para la jubilación o para la salud. También es posible que debas comenzar a realizar inversiones, como invertir en bienes raíces o en petróleo y gas, o incluso presupuestar gastos comerciales para el año, etc.

Impuestos sobre lo que compras

Cuando compras algo en los Estados Unidos, se aplican varios impuestos. El precio que pagas variará según muchos factores, como el producto que compras, el proceso de producción y el estado en el que te encuentras.

· Impuestos sobre las ventas

Un impuesto sobre las ventas es un impuesto al consumo en ventas minoristas de bienes y servicios. Es probable que hayas visto el impuesto sobre las ventas impreso en la parte inferior de tus recibos de tienda si vives en los EE. UU. Estados Unidos es uno de los pocos países que utilizan impuestos tradicionales sobre las ventas minoristas para aumentar los ingresos. Todos los estados de EE. UU. recaudan impuestos estatales y locales sobre las ventas, excepto Alaska, Delaware, Montana, New Hampshire y Oregón.

Impuestos sobre ingresos brutos

En un impuesto sobre ingresos brutos (GRT), se grava la cantidad de ventas brutas de la empresa, ya sea rentable o no, sin deducir ningún gasto comercial. Los GRT son perjudiciales para las empresas nuevas, que sufren pérdidas en los primeros años, y las empresas con cadenas de producción largas.

· Impuestos sobre el valor agregado

Los impuestos sobre el valor agregado (IVA) son impuestos al consumo evaluados sobre el valor agregado durante cada etapa de producción. Cada negocio a lo largo de la cadena de producción paga un IVA sobre el valor del bien/servicio producido en esa etapa, siendo deducible el IVA pagado previamente por el bien/servicio en cada paso. El cliente final tiene que pagar el IVA sin deducir el IVA pagado anteriormente. Este es un impuesto sobre el consumo final.

· Impuestos especiales

Además del impuesto al consumo general, los impuestos especiales son impuestos impuestos sobre bienes o actividades específicas, que representan una parte relativamente pequeña del total de ingresos fiscales. Los cigarrillos, el alcohol, los refrescos, la gasolina y las apuestas son ejemplos de impuestos especiales. Los impuestos sobre productos específicos se pueden utilizar como impuestos "pecaminosos" para compensar los efectos secundarios o las consecuencias perjudiciales no reflejadas en el costo de un producto.

Impuestos sobre lo que posees (impuestos a la propiedad)

Los impuestos a la propiedad inmobiliaria se aplican principalmente sobre terrenos y edificios y son una fuente importante de ingresos para los gobiernos de EE. UU. Los impuestos a la propiedad representan más del 30% de las recaudaciones fiscales estatales y locales en los EE. UU. y más del 70% de las recaudaciones fiscales locales. Los gobiernos necesitan ingresos por impuestos a la propiedad para financiar servicios públicos, como escuelas, carreteras, departamentos de policía y bomberos, y servicios médicos de emergencia. Además de los impuestos a la propiedad residencial sobre terrenos y estructuras, conocidos como impuestos a la "propiedad real", muchos estados también gravan la "propiedad personal tangible" (PPT), como vehículos y equipos propiedad de individuos y empresas. Los impuestos sobre la propiedad personal tangible suelen ser más problemáticos ya que son menos estables, neutrales y transparentes.

· Propiedad Personal Tangible (PPT)

La propiedad personal tangible (PPT) incluye elementos que se pueden mover o tocar, como equipos comerciales, maquinaria, inventario, muebles y automóviles. Los impuestos sobre la PPT representan un pequeño porcentaje del total de las recaudaciones fiscales estatales y locales. Su complejidad genera altos costos de cumplimiento. También favorecen a algunas industrias sobre otras al ser no neutrales, distorsionando las decisiones de inversión.

· Impuestos a las herencias y sucesiones

Tras la muerte de una persona, se imponen impuestos a las herencias y sucesiones. La propia herencia paga impuestos sobre las herencias antes de que los activos se distribuyan a los herederos, pero el heredero paga impuestos sobre la herencia. Ambos impuestos suelen ir acompañados de un "impuesto sobre donaciones", por lo que no se pueden evitar transfiriendo bienes antes de la muerte.

· Impuestos sobre la riqueza

En general, se impone un impuesto sobre la riqueza al patrimonio neto de una persona (activos menos pasivos) que supera un umbral determinado en un año. Con un impuesto sobre la riqueza del 5%, una persona con una riqueza superior a $1 millón tendría que pagar $50,000 en impuestos. Una persona con una riqueza de $2.5 millones y una deuda de $500,000 tendría un patrimonio neto de $2 millones.

Impuestos en Reino Unido

Al igual que cualquier país, el Reino Unido cuenta con un Sistema de Impuestos completamente integrado para administrar el gasto del gobierno y sostener el desarrollo del país.

Impuesto PAYE

El término PAYE se refiere a pagar según lo que se gana. Los empleados generalmente pagan impuestos a través de PAYE. PAYE garantiza que las cantidades adeudadas durante un año se recolecten de manera uniforme en cada día de pago. Siempre que reciba un salario, su empleador deduce el Impuesto sobre la Renta (IT), el Seguro Social Relacionado con el Pago (PRSI) y el Cargo Social Universal (USC). Luego, envían el monto deducido a la Agencia Tributaria. Es posible reducir la cantidad de impuestos que paga aprovechando créditos fiscales, exenciones y deducciones. Los ciudadanos escoceses deben contribuir con el 10% al gobierno escocés.

Impuestos al consumo

El impuesto al valor agregado (IVA) tiene diferentes tasas. Hay una tasa estándar del 20% y una tasa reducida del 5%. Este número puede cambiar cada año. Estas tasas se aplican a ciertas categorías de bienes y servicios y a las instalaciones de combustible y energía. Algunos productos básicos, como libros, ropa, calzado y algunos tipos de alimentos, tienen una tasa impositiva del 0%.

¿Cómo calculo los impuestos?

Como regla general, no se adeuda el impuesto si el salario no supera las £10,600. Este número puede cambiar cada año.

Reclamo de retención

Es posible que pueda obtener un reembolso de algunos de los impuestos retenidos si deja de trabajar antes del final de un año fiscal. Sin embargo, tiene hasta cuatro años para solicitar el dinero y, para hacerlo, debe completar uno de los siguientes formularios: P45, P50, Q60, P85, P800.

Calificación crediticia

El término "calificación crediticia" en los EE. UU. se refiere a un rango de puntajes de 300 a 850 basado en la probabilidad de que una persona pague su deuda a tiempo. Dado que la economía de EE. UU. se basa en el crédito, la calificación crediticia de una persona es uno de los datos más importantes. Aunque existen varios tipos de calificaciones crediticias, FICO (por Fair Isaac Corporation) es el más utilizado. El informe proviene de un informe crediticio creado por una de las tres principales agencias de crédito: Equifax, Experian y TransUnion.

Cómo mejorar la calificación crediticia

Puede lograr una buena calificación crediticia comprando a crédito y pagando el crédito a tiempo.

Puede construir su historial crediticio obteniendo una tarjeta de crédito, realizando pequeñas compras con ella y pagándolas en su totalidad o dejando un saldo pequeño de menos del 30% de su límite de crédito mensual.

Las tarjetas de crédito y los préstamos son los principales tipos de productos financieros que mejoran las calificaciones crediticias. El historial crediticio no se ve afectado por tarjetas de débito o prepago, ni por la cantidad de dinero en una cuenta bancaria.

Las cuentas antiguas son mucho más importantes para mejorar su calificación crediticia que las recientes. Además, mantener el saldo en las tarjetas de crédito antiguas por debajo del 30% del límite de crédito ayuda a aumentar su puntaje FICO. En vista de esto, no se recomienda cerrar o dejar inactivas las cuentas antiguas.

Si no paga una deuda a tiempo, pasar por una recuperación de la propiedad por parte de una agencia de cobro, la bancarrota y otros problemas financieros dañan su calificación crediticia y permanecen en su historial crediticio durante siete años. Si ese período ha pasado, no afectan el FICO ni a favor ni en contra.

Deuda

Hay muchas razones diferentes por las que las personas terminan endeudadas. El camino y las circunstancias que te hacen sentir que has perdido el control de lo que debes pueden ser interminables, desde emergencias médicas que generan miles de dólares en facturas médicas hasta gastar hasta endeudarte. En cualquiera de los casos, debes decidir cancelar tus deudas.

Salir de la deuda y mantenerte fuera de ella requiere un plan. Mientras sigamos algunas pautas, podemos prepararnos para lo peor mientras esperamos lo mejor. La estructura y los planes nos ayudan a seguir avanzando en la dirección correcta. Si pierdes de vista hacia dónde vas, un plan te ayudará a retomar el rumbo.

Mientras están en la universidad, algunos estudiantes pueden estar nerviosos por pedir préstamos estudiantiles por primera vez, y optan por usar sus tarjetas de crédito para ayudar a pagar los gastos personales y educativos. También podrías considerar endeudarte con préstamos grandes, como la compra de un automóvil. Aunque hay diferencias entre estas opciones, todas son formas de endeudamiento. Por lo tanto, cuando se trata de cancelar deudas, es mejor saber qué priorizar al momento de pagar la deuda para que pueda calcular sus decisiones financieras en consecuencia.

Al cancelar la deuda, puede hacerlo priorizando la cantidad adeudada o la tasa de interés. Cualquiera que sea el método de pago que elija, lo más importante es que sea constante y organizado.

Por cantidad adeudada.

Siguiendo este método, enumerarías tus deudas, comenzando por la más pequeña y avanzando hacia la deuda más grande.

Por ejemplo:

- Tarjeta de crédito #1 - $150 (19% de interés)

- Tarjeta de crédito #2 - $1,000 (17.5% de interés)

- Préstamo vehículo #1 - $7,000 (4.21% de interés)

- Tarjeta de crédito #3 - $8,800 (17% de interés)

- Tarjeta de crédito #4 - $14,000 (18% de interés)

- Préstamo vehículo #2 - $27,000 (4% de interés)

- Préstamos estudiantiles - $90,000 (7% de interés)

Cuando todas tus deudas estén reorganizadas, paga los pagos mínimos, excepto por los pagos más pequeños. Es importante priorizar pagar la deuda más baja lo más pronto posible. Después de que se haya pagado la deuda más baja, pasa a la siguiente hasta que todas las deudas estén saldadas.

Por tasa de interés

En cuanto al pago de deudas se refiere, este método tiene más sentido matemáticamente que cualquier otro. Está dirigido a saldar deudas rápidamente pero requiere mucha disciplina. Puede que funcione mejor si eres dedicado y enfocado.

Para empezar, enumera todas tus deudas en orden de tasa de interés. Enumera tus deudas, comenzando con la tasa de interés más alta y descendiendo a la más baja.

Siguiendo el ejemplo anterior:

- Tarjeta de crédito #1 - $150 (19% de interés)

- Tarjeta de crédito #4 - $14,000 (18% de interés)

- Tarjeta de crédito #2 - $1,000 (17.5% de interés)

- Tarjeta de crédito #3 - $8,800 (17% de interés)

- Préstamos estudiantiles - $90,000 (7% de interés)

- Préstamo vehículo #1 - $7,000 (4.21% de interés)

- Préstamo vehículo #2 - $27,000 (4% de interés)

Cuando las deudas estén enumeradas, es hora de pagar los pagos mínimos en todas excepto en la que tiene la tasa de interés más alta. Al igual que con el último método, paga la deuda con la tasa de interés más alta lo más rápido posible. Una vez que pagues la deuda con la tasa de interés más alta, pasa a la siguiente hasta que hayas saldado todas las deudas.

Además de ser la forma más rápida de pagar deudas, este método reduce la cantidad de deuda añadida a otros préstamos al eliminar primero las tasas de interés altas. En última instancia, esto te ahorrará dinero a largo plazo. Por otro lado, como no siempre ves "victorias" inmediatas, necesitas estar enfocado y comprometido para tener éxito.

Para elegir el sistema adecuado, debes ser honesto contigo mismo. Es mejor comenzar con el sistema basado en la cantidad adeudada si no estás seguro de cuál funcionaría mejor para ti.

En última instancia, no importa qué método elijas siempre y cuando te apegues a él. Al final, no importaría qué plan elegiste si abandonas a mitad de camino. Mantenerse firme en el plan es más importante que el plan en sí mismo.

Ahorro

Ahora que hemos abordado estos aspectos de tu economía, es momento de poner orden en tus decisiones de ahorro. Es necesario estar consciente de lo que debes y lo que posees antes de que puedas comenzar a ahorrar cada mes. Esto significa que debes analizar cada dólar que ganas y gastas, incluyendo los intereses que pagas sobre el saldo de tu tarjeta de crédito, facturas mensuales, impuestos y contribuciones al ahorro.

Ahorrar dinero no es solo ahorrar por ahorrar; también se trata de ahorrar dinero para alcanzar los sueños. Hay una gran diferencia.

No hay duda de que una de las mejores formas de ahorrar dinero es establecer una meta que puedas alcanzar. Comienza preguntándote para qué estás ahorrando. ¿Es para casarte, ir de vacaciones o ahorrar para la jubilación? Luego, necesitas calcular aproximadamente cuánto dinero necesitarás y cuánto tiempo te llevará ahorrar ese dinero. Es una buena idea dividir los objetivos en metas a corto y largo plazo y establecer cada una por separado.

Metas a corto plazo (1 a 3 años)

- Fondo de emergencia (tener dinero para mantenerte por unos meses, por si acaso)
- Vacaciones
- Enganche para un auto nuevo

Metas a largo plazo (4 años o más)

- Enganche para una casa, remodelación o mudanza grande
- Educación de calidad para tus hijos
- Contribuciones para la jubilación

Establecer una meta inmediata, como conseguir un nuevo teléfono inteligente o regalos para las fiestas, puede evitar que te quedes estancado. Alcanzar metas de ahorro más pequeñas y disfrutar de la recompensa por la que has ahorrado puede darte un impulso psicológico que hace que ahorrar sea más gratificante y fortalezca el hábito de ahorrar.

Comprar una casa

La compra de una casa es un evento importante en la vida de cualquier persona. La sensación de logro que obtienes al ser dueño de tu hogar puede ser muy satisfactoria.

Sin embargo, no todo sobre la compra de una casa es sencillo, así que debes considerar cuidadosamente tu situación. En la mayoría de los casos, comprar una casa puede generar algunos desafíos, como menos libertad de movimiento y, a menudo, una cantidad considerable de deuda, que debes asegurarte de poder pagar.

Una vez que decidas comprar una casa, estos son generalmente los pasos que debes seguir:

1. Ajusta tus finanzas: Debes saber exactamente cuánto dinero has ahorrado y cuánto puedes ahorrar en el futuro cercano
2. Decide tu presupuesto: Una vez que conozcas este número, puedes dirigir tu búsqueda a opciones más realistas para que no enfrentes problemas en el futuro. Teniendo esto en cuenta, puedes asegurarte de no distraerte con propiedades que puedan interesarte pero estén fuera de tu alcance.
3. Asegúrate de tener un agente inmobiliario: Durante el proceso, necesitarás que alguien que conozca el campo te

guíe. La investigación se puede hacer de forma independiente, pero un profesional debe estar a tu lado al comprar. Puede ser recomendado por tus conocidos o elegido según tu criterio.

4. Determina el tipo de financiamiento que necesitas: Considera diferentes opciones de préstamos y programas para determinar cuál es el mejor para ti. Asegúrate de conocer todas las condiciones, costos, tarifas, impuestos y otros cargos. Cuanto más investigues todo esto, más preparado estarás para enfrentarlo de manera ordenada.

5. Si no te gusta la deuda (como a mí), considera un plan diferente. Empieza un negocio, genera ingresos adicionales y úsalo para comprar una propiedad. Luego, alquila esa propiedad y genera más ingresos. Hay algunos podcasts de bienes raíces muy útiles para las personas con mentalidad más empresarial.

6. Mantén una mente abierta: No te obsesiones con tu primera opción. Si estás cerca de una primera opción que te gustó, la decepción puede ser grande si no se materializa y también puedes perderte otras opciones que termines gustando más. Esta actitud te ayudará a enfrentar dificultades y contratiempos a lo largo del proceso de búsqueda y compra.

7. Compra cuando estés seguro: No es una buena idea tomar una decisión apresurada, así que asegúrate de haber realizado toda la investigación necesaria.

En los Estados Unidos, comprar tu primera casa es más fácil de lo que podrías pensar, y no necesitas tener grandes ahorros ni un alto ingreso. Algunos de los programas a considerar son:

- HomeReady y Home Possible: Estos son préstamos con requisitos de pago inicial muy bajos, cercanos al 3% del precio de la casa.
- Préstamo hipotecario del USDA: Esto te permite financiar el 100% del valor de la casa sin hacer un pago inicial. Está dirigido a casas en áreas rurales.
- Préstamos hipotecarios FHA: Son fáciles de calificar, ya que se pueden acceder con mejores puntajes crediticios o niveles más altos de deuda.
- Casas prefabricadas y móviles: Son una de las viviendas asequibles y, en muchos casos, se pueden financiar con programas hipotecarios convencionales.
- Certificados de Crédito Hipotecario: Con estos, puedes objetar un crédito fiscal correspondiente a un porcentaje del interés de tu hipoteca.
- Asistencia para el pago inicial: Estas son subvenciones o préstamos específicos para ciertas áreas "descuidadas" o "en desarrollo" en las cuales el nivel de ingresos no es considerado.
- Préstamos personales: Se pueden utilizar para comprar una casa a un precio más bajo.

Estas opciones pueden servir como puntos de partida para ayudarte a determinar cuál se adapta mejor a tu situación, y luego puedes profundizar consultando a un especialista con más conocimientos sobre el tema.

El hecho de que sepas que las opciones pueden estar a tu alcance y que entiendas de qué se tratan es un buen comienzo.

Cómo elegir un plan de seguro

El seguro de salud es muy importante. Si ya tienes 26 años, ya no estás cubierto por el plan de tus padres. Necesitarás elegir el plan que sea adecuado para ti.

¿Qué debo buscar?

· Opciones: Al comparar planes, considera los costos totales, incluidos las primas y los costos de bolsillo.

· Atención de calidad: Acceso a tratamiento médico personalizado sin importar dónde te encuentres.

· Tarifas con descuento: Quieres opciones de médicos y hospitales dentro de la red para poder aprovechar las tarifas con descuento.

· Revisiones anuales y atención preventiva sin costo adicional. La atención preventiva, como exámenes y revisiones anuales, ayuda a mantenerte saludable.

· Servicio 24/7: Cuando tengas dudas, querrás poder hablar con expertos en atención médica y acceder a tus reclamaciones.

¿Qué es el 401k?

En los Estados Unidos, este es un plan de jubilación patrocinado por el empleador que es elegible para los empleados, en el cual pueden hacer contribuciones de reducción salarial antes o después de impuestos. El plan 401k permite a los empleados ahorrar e invertir parte de los ingresos antes de que se deduzcan los impuestos.

Los empleadores que ofrecen el plan a sus empleados pueden optar por igualar las contribuciones individuales al plan en nombre de sus empleados. También pueden agregar una función de reparto de beneficios al plan. Debes saber que los impuestos no se pagan hasta que se retire el dinero de la cuenta.

Parte 5: Extras: ¡Lo que necesitas saber!

¡Hasta ahora hemos cubierto mucho! ¡Aquí hay algunos consejos adicionales para tener en cuenta mientras comienzas tu vida como adulto!

Lo que necesitas saber sobre tu automóvil

En el mundo actual, conseguir un automóvil y aprender a conducirlo es fácil, pero la parte difícil es comprender cómo funciona y mantenerlo. Por lo tanto, aquí hay diez cosas que debes saber para conducir de manera segura y mantener tu automóvil.

1. *Aceite de motor*

La gente cree erróneamente que el aceite quema combustible en el automóvil, pero su función principal es lubricar, enfriar y limpiar el motor. Por lo tanto, tres cosas pueden sucederle a tu automóvil si no tienes suficiente aceite: degradación térmica, oxidación y calentamiento por compresión. Esto hará que el aceite haga lo contrario de lo que fue diseñado para hacer, creando más fricción, calentando el motor y acumulando depósitos de suciedad.

2. *Neumático de repuesto*

Lo último que quieres es cambiar tu neumático desinflado y darte cuenta de que tu repuesto también está desinflado. El neumático de repuesto no está diseñado para ser un elemento decorativo en tu automóvil. Está ahí en caso de que experimentes un neumático desinflado. Por lo tanto, siempre lleva un gato y otras herramientas en el maletero de tu automóvil para cuando necesites cambiar el neumático. Verificar si la pieza de repuesto está en perfecto estado de funcionamiento también es una buena idea.

Cómo cambiar un neumático

1. Encuentra un lugar seguro
2. Enciende las luces de emergencia
3. Aplica el freno de estacionamiento
4. Coloca calzos en las ruedas
5. Quita el tapacubos o cubierta de la rueda
6. Afloja las tuercas de las ruedas
7. Coloca el gato debajo del vehículo
8. Levanta el vehículo con el gato
9. Desenrosca las tuercas de las ruedas
10. Quita el neumático desinflado
11. Monta el neumático de repuesto en los pernos de las ruedas

12. Aprieta las tuercas de las ruedas a mano

13. Baja el vehículo y vuelve a apretar las tuercas

14. Baja el vehículo completamente

15. Reemplaza el tapacubos

16. Guarda todo el equipo

17. Verifica la presión en el neumático de repuesto

18. Lleva tu neumático desinflado al taller.

3. *Limpiaparabrisas*

Los limpiaparabrisas son una necesidad que muchas personas tienden a pasar por alto. Si quieres mantener tus limpiaparabrisas en mejor estado, asegúrate de que las gomas estén en buen estado y sean del tamaño correcto. Por lo general, debes reemplazarlos cada seis meses, aunque lo mejor es consultar con qué frecuencia el manual de tu automóvil sugiere cambiarlos.

4. *Faros delanteros y traseros*

Los faros delanteros y traseros se atenúan con el tiempo, por lo que se recomienda inspeccionarlos de vez en cuando. Verificarlos es una medida de seguridad preventiva y evita que te detengan la policía o un oficial de tránsito. Por lo general, se recomienda cambiar los faros cada año.

5. *Mantenimiento general del automóvil*

El mantenimiento regular del automóvil varía según la marca y el modelo. La mejor manera de conocer el plan de mantenimiento ideal para tu automóvil es leer el manual del propietario, ya que te dará los intervalos de servicio ideales para tu automóvil.

6. *Amortiguadores*

¿Tu automóvil se balancea de vez en cuando? ¿Puedes escuchar un ruido chirriante cuando frenas o pasas por un bache o un hoyo? Entonces, probablemente tus amortiguadores estén desgastados. Este es uno de los problemas más comunes en vehículos más antiguos, así que si conduces un automóvil que tiene un par de años, revisa tus amortiguadores.

7. *Filtro de aire*

Es importante cambiar los filtros de aire cada seis meses. Cuando los motores se ensucian, pueden obstruirse, por lo que tienen que trabajar más y esto puede causar un aumento en el consumo de combustible.

8. *Kit de emergencia*

Nunca se sabe cuándo tu automóvil podría averiarse, y si lo hace, debes tener a mano un kit de emergencia:

- Un neumático de repuesto correctamente inflado, llave de rueda y gato de trípode
- Cables para pasar corriente
- Juego de herramientas y una herramienta multiusos
- Linterna y pilas de repuesto
- Triángulos reflectantes y un paño de colores brillantes para hacer que tu vehículo sea más visible
- Brújula
- Botiquín de primeros auxilios con gasa, cinta, vendas, ungüento antibiótico, aspirina, una manta, guantes de látex, tijeras, hidrocortisona, termómetro, pinzas y compresa fría instantánea
- Alimentos no perecederos y de alta energía, como nueces sin sal, frutas secas y caramelos duros
- Agua potable
- Chaleco reflectante en caso de que necesites caminar para buscar ayuda
- Cargador de automóvil para tu teléfono móvil
- Extintor
- Cinta adhesiva
- Poncho de lluvia
- Artículos adicionales para climas fríos incluyen un cepillo para nieve, pala, líquido limpiaparabrisas, ropa abrigadora, arena para gatos para tracción y una manta.

9. *Frenos*

Los frenos son una característica de seguridad que nunca debes pasar por alto. Observa si el volante se sacude al aplicar los pedales de freno mientras conduces. Esto podría afectar el sistema de control de estabilidad de tu automóvil y el ABS (Sistema de Frenos Antibloqueo).

10. *Consigue un buen mecánico*

Y por último, consigue un buen mecánico. Un mecánico bueno, honesto y conocedor es difícil de encontrar, pero si encuentras uno, confía en él firmemente. Pregunta a amigos y familiares por sus recomendaciones. No elijas al primero que encuentres que te ofrezca tarifas bajas. Tómate tu tiempo. Estás poniendo la seguridad y el rendimiento de tu automóvil en sus manos, así que asegúrate de que sean buenos en lo que hacen.

Lo que necesitas saber sobre viajar

Ya seas un viajero frecuente u ocasional, tener en cuenta algunos de los siguientes consejos puede facilitar las cosas. Aunque algunas de estas sugerencias puedan parecerte obvias, aún debes considerarlas.

Millas de aerolínea

Si vas a viajar una larga distancia y no eres miembro de ningún programa de viajero frecuente, considera unirte a uno de ellos. Acumular millas es una excelente manera de obtener descuentos en compras, hoteles y más ofertas.

A veces, estos programas, como ciertas tarjetas de crédito, dan derecho a utilizar salones VIP en aeropuertos, espacios con servicios exclusivos pagados o gratuitos, según el caso.

Cuidado: lo barato puede salir caro

Antes de reservar un vuelo o un hotel, no te dejes llevar exclusivamente por el precio. Evalúa las consecuencias de tus decisiones. A veces, la opción barata resulta ser cara. Debido a la falta de transporte público, los boletos económicos comprados fuera de temporada alta pueden obligarte a tomar un taxi, pagar más por tu equipaje de lo previsto o gastar más en comida mientras viajas. Lo mismo puede sucederte con un hotel lejos del centro o un alquiler de vehículo.

En un vuelo de larga distancia, pagar un poco más y viajar cómodamente en un asiento con más espacio para las piernas o servicio de atención puede ser preferible.

Documentos

El tiempo es lo más importante al viajar. Cuanto antes reserves un vuelo, más barato será. Al revisar tus documentos con anticipación, tendrás más tiempo para organizarlos. Asegúrate, por ejemplo, de que tu pasaporte sea válido. En muchos países, necesitarás más de seis meses restantes en tu pasaporte.

Además, verifica si es necesario un visado incluso si ya has estado en tu destino antes, ya que su política de inmigración puede haber cambiado. En algunos países, puedes solicitar un visado electrónicamente, pero en otros, debes acudir al consulado o la embajada en persona. El proceso puede tardar semanas.

Antes de salir de casa, asegúrate de tener la documentación en orden.

Toma una foto del pasaporte. Luego guárdala en tu teléfono y en la nube con una contraseña, así si la necesitas cuando estés lejos de casa, podrás encontrarla fácilmente.

La maleta

Aunque es un consejo básico, tendemos a ignorarlo. No viajes con exceso de equipaje. Recuerda empacar solo los artículos necesarios y olvídate de cosas que quizás ni siquiera uses. Asegúrate de seleccionar ropa que pueda combinarse. Elige calzado adecuado para el clima (y cómodo) y lleva accesorios y objetos tecnológicos que no encontrarás en el destino y que podrías necesitar. Y si vas al extranjero, no olvides tu cargador de teléfono y adaptador para ese país.

Una vez que estés seguro de lo que llevarás contigo, intenta colocar todo en la maleta de manera que ocupe el menor espacio posible.

Banco y dinero

Aunque parezca tonto al principio, el aumento del robo de identidad es una amenaza seria, por lo que vale la pena informar a tu banco o emisor de tarjetas de crédito que viajarás.

Además, siempre es una buena idea notificar a la compañía de tu tarjeta de crédito cuando viajes, ya que algunas incluso ofrecen cobertura de salud gratuita. Finalmente, es importante conocer la moneda local y si se aceptan tarjetas de crédito donde viajas.

Estrategia telefónica

Infórmate sobre las condiciones de telefonía de tu compañía si viajas fuera de tu país. Para evitar sorpresas desagradables al recibir tu factura, revisa las tarifas de roaming y sigue las instrucciones del operador. Obtener una tarjeta SIM local para tu teléfono puede ser una buena idea si tus planes de viaje no implican viajar con frecuencia. A menudo puedes comprar una en línea con anticipación. Usar servicios de mensajería en línea como Zoom y WhatsApp puede ser una excelente opción.

Salud

Informarse con anticipación sobre el sistema de salud del destino y a dónde acudir es necesario. Si tienes seguro médico, verifica qué cobertura incluye en el extranjero. Lee la letra pequeña; puedes llevarte más de una sorpresa. La salud es cara en muchos países y deficiente en otros. Un seguro que cubra todas las garantías y salve tu viaje puede salvar tu economía. Si vives en Europa y viajarás a otro país europeo, solicita un formulario E111 gratuito.

En términos de salud, debemos considerar la política de nuestro destino. Infórmate con anticipación sobre las vacunas y las condiciones de salud requeridas para ingresar.

Por último, no supongas que en el extranjero encontrarás medicamentos comunes con la misma facilidad que aquí. Pueden ser más baratos, infinitamente más caros o simplemente no existir. Por si acaso, prepara tu botiquín de primeros auxilios.

Revisa los pronósticos del tiempo

Este no es un tema menor, unos días antes de tu viaje, revisa el pronóstico del tiempo. Planifica con anticipación.

Tours gratuitos

Hoy en día, muchas ciudades turísticas en todo el mundo ofrecen tours "gratuitos" que puedes encontrar y reservar en línea. Este tipo de recorrido es agradable ya que los guías suelen ser locales que no solo conocen la historia y datos interesantes del lugar, sino que también saben dónde comer y cómo moverse (y comparten esa información con el grupo). Aunque no son gratuitos, solo necesitas dar una propina a tu guía al final del recorrido para calificar su trabajo.

Lo que necesitas saber sobre las redes sociales

Mientras las utilicemos sabiamente, estos canales digitales impactarán positivamente nuestras vidas. Por lo tanto, para mejorar nuestra relación con las redes sociales, aquí hay algunos consejos para ayudarnos a aprovechar al máximo lo que ofrecen.

Deja tu teléfono a un lado

En los últimos años, el uso del teléfono móvil ha pasado del 33% al 50.1%, es decir, la mitad del tiempo en línea se pasa a través de dispositivos móviles. En este sentido, el móvil es el principal medio de acceso a las redes sociales. Ten en cuenta cuánto tiempo pasas en tu teléfono. Cuando seas mayor, ¡nunca desearás haber pasado más tiempo en tu teléfono navegando por las redes sociales!

Trabaja en la independencia tecnológica

La dependencia tecnológica es un problema real en la actualidad. Hay aproximadamente 8.6 cuentas en redes sociales por persona en todo el mundo, y la mayoría se accede a través de dispositivos móviles. La mayoría de las personas no pueden pasar más de una hora sin mirar sus teléfonos, con un 61% diciendo que los revisan primero por la mañana y lo último por la noche.

La clave para volverse más independiente de la tecnología es comprender qué funciona mejor para ti, tu salud y tu rutina diaria. Hay infinitas opciones, como apagar tu teléfono más temprano para pasar más tiempo con amigos o encenderlo más tarde para leer algo que disfrutes mientras desayunas.

Limita el uso de las redes sociales.

Ten en cuenta cuánto tiempo pasas en las redes sociales. Según las estadísticas, el usuario promedio de redes sociales pasa dos horas y veinticuatro minutos al día en ellas. Como forma efectiva de limitar la cantidad de tiempo que el usuario pasa en los sitios de redes sociales, el límite de tiempo puede activarse mediante las redes sociales en el dispositivo móvil, para que el usuario sea más consciente de cuánto tiempo desperdició en sus divagaciones antes.

Sigue cuentas de calidad

Debes asegurarte de que tu tiempo en las redes sociales se gaste en cosas que realmente te interesen, no solo en ruido. En las redes sociales, sé selectivo con las cuentas que sigues. Elimina cuentas que te hagan sentir triste o enojado, o que consuman mucho de tu tiempo.

Identifica las historias reales

Debes ser consciente de que las redes sociales solo muestran una pequeña parte de una persona y que la realidad a menudo es muy diferente. Muchas personas creen que lo que se publica en las redes sociales abarca toda la vida de los influencers y las marcas. Pero, en realidad, solo muestran una pequeña parte de su vida diaria. Para evitar sentirte frustrado al comparar su vida con la tuya, debes ser consciente de esto.

Usa las redes sociales para inspirarte y conectarte con otros

Las redes sociales te permiten descubrir nuevas ideas y formas de ver y actuar. Estas nuevas redes sociales proporcionan una fuente de inspiración para los usuarios al permitirles imitar, agregar y crear contenido a partir de videos originales de sus modelos a seguir. Los videos de Tik Tok, por ejemplo, reciben un promedio de 17 mil millones de visitas al mes. Esta red social de videos tiene la tasa de compromiso más alta por publicación en redes sociales.

Para las marcas, sin embargo, es una nueva forma de anunciar sus productos y servicios de manera más íntima que con un anuncio tradicional. Pinterest también se ha convertido en una gran ventana para los usuarios que descubren una amplia red de ambientes y tendencias que pueden duplicar en la realidad.

Involucra a amigos y familiares a través de las redes sociales

Con la llegada de los teléfonos móviles, las redes móviles se han convertido en el medio de comunicación entre amigos y familiares. Los teléfonos móviles son utilizados por el 70% de las personas para comunicarse con sus amigos y familiares más cercanos a través de aplicaciones, redes sociales o llamadas. La mayoría de los usuarios de teléfonos móviles solo se comunican a través de aplicaciones de mensajería instantánea o redes sociales. Las plataformas de redes sociales ofrecen una inmediatez que de otro modo faltaría.

Sé empático

Con la pandemia, hemos visto la necesidad de apoyarnos mutuamente. Ha demostrado cuán vulnerables somos como especie, sin importar nuestro estatus, etnia, nacionalidad o sexo.

Todos somos humanos y todos tenemos historias que contar. Entender esto es clave para ser responsable en las redes sociales. Podemos ser proactivos, asertivos y empáticos en lugar de unirnos al odio, el ridículo y la crítica que azota al mundo.

Conclusión

Cuando éramos niños y adolescentes, generalmente nos decían a dónde ir y qué hacer, por nuestros padres, por nuestros maestros en la escuela y por los adultos. No teníamos muchas opciones. En cambio, había un camino que se esperaba que siguiéramos. ¡Ahora, como adultos, nuestras vidas son muy diferentes! Y con los consejos y estrategias en este libro, ¡ahora estás preparado para enfrentarte al mundo!

Aprendiste cómo encontrar un trabajo, arreglar tu automóvil, vivir lejos de casa y manejar tu dinero de manera efectiva. Entiendes lo importante que es comer sano, cuidar tu cuerpo, usar protector solar y hacer ejercicio.

Has descubierto por qué es bueno ganar más dinero del que gastas, hacer nuevos amigos para enriquecer tu vida, ¡quizás incluso comenzar tu propio negocio!

Una de las lecciones más importantes que aprendí en mi vida fue seguir mi instinto y hacer más de lo que amo. Si te encuentras en una situación en la que tu instinto te dice que algo no está bien... escucha lo que tu cuerpo te está diciendo. Y eso aplica para compartir una casa, un trabajo o una noche en la ciudad.

Averigua lo que amas. Si amas el arte, no lo abandones. Tal vez necesites un trabajo de oficina para pagar las cuentas, pero sigue tus sueños y continúa pintando los fines de semana.

Realmente espero que leer este libro te haya beneficiado mucho y te haya ayudado a tener un gran éxito y felicidad en la vida como adulto. Puedes aplicar rápidamente las lecciones que aprendiste en tu vida diaria y notar los efectos positivos.

Antes de irte, tengo una pequeña petición que hacerte. Realmente agradecería si pudieras reseñar este libro y compartir las lecciones aprendidas. Hacerlo me ayudará mucho a llevar este libro a otros jóvenes adultos que pueden beneficiarse de los consejos y estrategias que he compartido.

Solo tenemos una oportunidad de vivir nuestras vidas. Sueña en grande y no tengas arrepentimientos. ¡Tú puedes lograrlo!

Referencias

Hu, Y., Shmygelska, A., Tran, D., Eriksson, N., Tung, J. Y. y Hinds, D. A. (2016). GWAS de 89,283 individuos identifica variantes genéticas asociadas con la autoevaluación de ser una persona madrugadora. Nature communications, 7(1), 1-9.

www.ingramcontent.com/pod-product-compliance
Lightning Source LLC
Chambersburg PA
CBHW060500030426
42337CB00015B/1660